Anton Pavlovitch Tchekhov

Les Trois Soeurs

© 2023 Culturea Editions

Texte et illustration de couverture : © domaine public
Edition : Culturea (Hérault, 34)
Contact : infos@culturea.fr
Retrouvez notre catalogue sur http://culturea.fr
Imprimé en Allemagne par Books on Demand
Design typographique : Derek Murphy
Layout : Reedsy (https://reedsy.com/)

Dépôt légal : janvier 2023
Tous droits réservés pour tous pays

ISBN : 9791041915064

Table des matières

PERSONNAGES 3

ACTE PREMIER 5

ACTE II 30

ACTE III 55

ACTE IV 73

PERSONNAGES

ANDRÉ SERGUÉEVITCH PROZOROV.

NATALIA IVANOV, *sa fiancée, plus tard sa femme.*

OLGA, MACHA, IRINA, ses sœurs.

FEDOR ILIITCH KOULYGUINE, *professeur de lycée, mari de Macha.*

ALEXANDRE IGNATIEVITCH VERCHININE, *lieutenant-colonel, commandant de batterie.*

NIKOLAS LVOVITCH TOUZENBACH, *baron, lieutenant.*

VASSILI VASSILIEVITCH SOLIONY, *capitaine en second.*

IVAN ROMANOVITCH TCHÉBOUTYKINE, *médecin militaire.*

ALÉXEI PETROVITCH FEDOTIK, *sous-lieutenant.*

VLADIMIR KARLOVITCH RODÉ, *sous-lieutenant.*

FERAPONTE, *gardien au Conseil municipal du Zemstvo.*

ANFISSA, *bonne, quatre-vingts ans.*

L'action se passe dans un chef-lieu de gouvernement.

ACTE PREMIER

La maison des Prozorov. Un salon à colonnades, derrière lesquelles on aperçoit une grande salle. Il est midi ; dehors, temps gai, ensoleillé. Dans la salle, on dresse la table pour le déjeuner.

Olga, vêtue de l'uniforme bleu des professeurs de lycée de jeunes filles, ne cesse de corriger des cahiers d'élèves, debout, ou en marchant. Macha, en noir, est assise, et lit, son chapeau sur les genoux, Irina en robe blanche, est debout ; elle rêve.

OLGA – Notre père est mort, il y a juste un an aujourd'hui, le cinq mai, le jour de ta fête, Irina. Il faisait très froid, il neigeait. Je croyais ne jamais m'en remettre ; et toi, tu étais étendue, sans connaissance, comme une morte. Mais un an a passé, et voilà, nous pouvons nous en souvenir sans trop de peine, tu es en blanc, et ton visage rayonne… *(La pendule sonne douze coups.)* La pendule avait sonné ainsi. *(Un temps.)* Je me souviens, quand on a emporté le cercueil, la musique jouait, et au cimetière on a tiré des salves. Il était général de brigade, et pourtant, bien peu de gens derrière son cercueil. Il est vrai qu'il pleuvait. Une pluie violente, et de la neige.

IRINA – Pourquoi réveiller ces souvenirs !

> *Derrière les colonnades, dans la salle, près de la table, apparaissent le baron Touzenbach, Tchéboutykine et Soliony.*

OLGA – Aujourd'hui il fait chaud, on peut laisser les fenêtres grandes ouvertes, mais les bouleaux n'ont pas encore de feuilles. Nommé général de brigade, notre père avait quitté

Moscou, avec nous tous, il y a onze ans de cela, mais je m'en souviens parfaitement. À cette époque, au début de mai, à Moscou, il fait bon, tout est en fleurs, inondé de soleil. Onze ans déjà, mais je me rappelle tout parfaitement, comme si cela datait d'hier. Mon Dieu ! Ce matin, au réveil, j'ai vu ces flots de lumière, j'ai vu le printemps, mon cœur s'est rempli de joie et du désir passionné de revenir dans ma ville natale.

TCHÉBOUTYKINE – Cours toujours !

TOUZENBACH – Bien sûr, ce sont des bêtises !

> *Macha, qui rêve sur son livre, sifflote doucement une chanson.*

OLGA – Ne siffle pas, Macha. Comment peux-tu siffler ! *(Un temps.)* À force d'aller au lycée tous les jours et de donner des leçons jusqu'au soir, j'ai un mal de tête continuel, et des pensées de vieille femme. C'est vrai, depuis quatre ans, depuis que j'enseigne au lycée, je sens mes forces et ma jeunesse me quitter goutte à goutte, jour après jour. Seul un rêve grandit et se précise en moi...

IRINA – Partir pour Moscou ! Vendre cette maison, liquider tout, et partir...

OLGA – Oui ! Aller à Moscou, vite, très vite.

> *Tchéboutykine et Touzenbach rient.*

IRINA – Notre frère deviendra sans doute professeur de faculté, de toute façon, il ne voudra pas rester ici. Le seul obstacle, c'est notre pauvre Macha.

OLGA – Macha viendra passer tous les étés à Moscou.

> *Macha sifflote doucement.*

IRINA – Si Dieu le veut, tout s'arrangera. *(Elle regarde par la fenêtre.)* Il fait beau aujourd'hui. Je ne sais pourquoi, j'ai le cœur si léger. Ce matin, je me suis rappelé que c'était ma fête : et brusquement, une immense joie, toute mon enfance, quand maman vivait encore... Quelles merveilleuses pensées tout à coup, quelles pensées !

OLGA – Aujourd'hui tu es rayonnante, incroyablement embellie. Macha aussi est belle. André serait bien, mais il a trop grossi, cela ne lui va pas. Moi, j'ai vieilli, j'ai beaucoup maigri, c'est toutes ces colères contre les filles au lycée. Mais aujourd'hui, je suis libre, je peux rester chez moi, la tête ne me fait pas mal, et je me sens plus jeune qu'hier. Je n'ai que vingt-huit ans, après tout. Tout est bien, tout vient de Dieu, mais il me semble que si j'étais mariée, si je restais à la maison, ça vaudrait mieux...*(Un temps.)* J'aurais aimé mon mari.

TOUZENBACH, *à Soliony*. – Vous ne dites que des bêtises, je ne peux plus vous écouter. *(Il vient au salon.)* J'ai oublié de vous dire : vous aurez aujourd'hui la visite de Verchinine, notre nouveau commandant de batterie.

Il s'assoit au piano.

OLGA – Eh bien ? C'est parfait !

IRINA – Il est vieux ?

TOUZENBACH – Non, pas trop. Quarante, quarante-cinq ans. *(Il joue doucement.)* Un brave homme, je crois. Certainement pas bête. Mais bavard.

IRINA – Un homme intéressant ?

TOUZENBACH – Oui, assez. Seulement, il a une femme, une belle-mère, et deux fillettes. Et puis, c'est son second mariage. Ici, partout où il fait des visites, il raconte qu'il a une femme et deux filles. Vous l'apprendrez aussi. Sa femme et un peu folle, elle porte une longue natte de jeune fille, elle parle avec emphase, tient des propos philosophiques pour embêter son mari. Moi, il y a longtemps que j'aurais fui un tel numéro, mais lui prend son mal en patience, et se contente de se plaindre.

SOLIONY, *il vient de la salle avec Tchéboutykine.* – D'une seule main je ne peux soulever que trente kilos, mais des deux, quatre-vingts, et jusqu'à quatre-vingt-quinze. Conclusion : deux hommes sont plus forts qu'un seul, non seulement deux fois, mais trois, peut-être davantage.

TCHÉBOUTYKINE, *il lit son journal tout en marchant.* – Contre la chute des cheveux : prendre dix grammes de naphtaline pour un demi-litre d'alcool, faire fondre et appliquer tous les jours. *(Il prend des notes dans son carnet.)* Notons cela ! *(À Soliony :)* Donc, comme je vous disais, vous enfoncez dans une bouteille un petit bouchon traversé par un tube de verre. Puis vous prenez une petite pincée d'alun, tout ce qu'il y a de plus ordinaire...

IRINA – Ivan Romanytch, mon cher Ivan Romanytch !

TCHÉBOUTYKINE – Hé quoi, ma petite fille, ma joie ?

IRINA – Dites-moi pourquoi je suis si heureuse aujourd'hui ? Comme si j'avais des voiles, et qu'au-dessus de moi s'étalait un ciel bleu, sans fin, où planeraient de grands oiseaux blancs. Pourquoi ?

TCHÉBOUTYKINE, *lui baisant les deux mains, avec tendresse.* – Mon oiseau blanc...

IRINA – Ce matin, une fois debout, et lavée, il m'a semblé brusquement que tout devenait clair, que je savais comment il faut vivre. Cher Ivan Romanytch, je sais tout. Tout homme doit travailler, peiner, à la sueur de son front, là est le sens et le but unique de sa vie, son bonheur, sa joie. Heureux l'ouvrier qui se lève à l'aube et va casser des cailloux sur la route, ou le berger, ou l'instituteur qui fait la classe aux enfants ou le mécanicien qui travaille au chemin de fer... Mon Dieu, s'il n'était question que des hommes ! Mais ne vaut-il pas mieux être un bœuf, un cheval, oui, tout bonnement, plutôt qu'une jeune femme qui se réveille à midi, prend son café au lit et passe deux heures à sa toilette ?...Oh ! c'est affreux. J'ai envie de travailler comme on a envie de boire, quand il fait très chaud. Et si je ne me lève pas de bonne heure, si je continue à ne rien faire, retirez-moi votre amitié, Ivan Romanytch.

TCHÉBOUTYKINE, *avec tendresse.* – Mais oui, c'est promis...

OLGA – Père nous avait habitués à nous lever à sept heures. Irina se réveille encore à sept heures, mais elle reste au lit jusqu'à neuf, à rêvasser... Et l'air qu'elle prend alors, est d'une gravité !...

Elle rit.

IRINA – Pour toi je suis toujours une petite fille, tu t'étonnes de me voir grave. J'ai vingt ans !

TOUZENBACH – Cette soif de travail, oh ! mon Dieu, comme je la comprends ! Je n'ai jamais travaillé. Je suis né à Pétersbourg, ville froide et oisive, dans une famille qui n'a jamais connu ni peine ni souci. Je me rappelle, quand je rentrais à la maison, du Corps des Cadets, un laquais retirait mes bottes, et moi, je faisais des caprices, sous le regard admiratif de ma mère, stupéfaite que tout le monde ne soit pas émerveillé comme elle. On m'a épargné tout travail, mais cela va-t-il durer ? J'en doute ! J'en doute ! L'heure a sonné, quelque chose d'énorme avance vers nous, un bon, un puissant orage se prépare, il est proche, et bientôt la paresse, l'indifférence, les préjugés contre le travail, l'ennui morbide de notre société, tout sera balayé. Je vais travailler, et dans vingt-cinq ou trente ans, tous les hommes travailleront. Tous !

TCHÉBOUTYKINE – Pas moi.

TOUZENBACH – Vous ne comptez pas.

SOLIONY – Dans vingt-cinq ans, grâce à Dieu, il y aura belle lurette que vous serez mort ; d'un coup de sang, dans deux ou trois ans, ou bien c'est moi qui perdrai patience et vous logerai une balle dans le front, mon ange.

Il tire de sa poche un flacon de parfum et s'en asperge la poitrine et les mains.

TCHÉBOUTYKINE, *en riant.* – C'est vrai, je n'ai jamais rien fichu. Depuis que j'ai quitté l'Université, je n'ai pas remué le petit doigt, pas lu un seul livre, rien que des journaux. *(Il tire un autre journal de sa poche.)* Voilà…Je sais d'après les journaux qu'un certain Dobrolioubov a existé, mais qu'a-t-il écrit ? Aucune idée…Dieu le sait…*(On entend frapper au plafond de l'étage inférieur.)* Voilà… On m'appelle en bas, quelqu'un m'attend…Je reviens tout de suite…

Il sort en hâte en lissant sa barbe.

IRINA – Il a encore inventé quelque chose.

TOUZENBACH – Oui. Quel air solennel…Sans doute un cadeau pour vous.

IRINA – Que c'est pénible !

OLGA – Oui, c'est affreux. Il ne fait que des bêtises.

MACHA – « Au bord de l'anse, un chêne vert, autour du chêne, une chaîne d'or »…

Elle se lève en chantonnant doucement.

OLGA – Tu n'es pas gaie aujourd'hui, Macha. *(Macha met son chapeau tout en chantonnant.)* Où vas-tu ?

MACHA – À la maison.

IRINA – En voilà une idée !…

TOUZENBACH – Partir ainsi un jour de fête !

MACHA – Tant pis. Je reviendrai ce soir. Au revoir, ma douce... *(Elle embrasse Irina.)* Je te souhaite une fois de plus santé et bonheur... Du temps de notre père, un jour de fête, il venait jusqu'à trente ou quarante officiers chez nous, quelle animation, mais aujourd'hui, il n'y a qu'une personne et demie, et tout est calme, un vrai désert. Je vais partir... J'ai un gros cafard aujourd'hui, je ne suis pas gaie, il ne faut pas faire attention. *(Riant à travers les larmes :)* Nous bavarderons plus tard, pour l'instant, adieu, ma chérie, j'irai n'importe où...

IRINA, *mécontente*. – Voyons, qu'est-ce que tu as ?...

OLGA, *à travers les larmes*. – Je te comprends, Macha.

SOLIONY – Quand un homme se met à philosopher, cela donne de la philosophistique, ou de la sophistique, si vous voulez ; mais si c'est une ou deux femmes, alors ça tombe dans le « tire-moi-par-le-doigt... »

MACHA – Que voulez-vous dire, homme effrayant ?

SOLIONY – Rien du tout. « Il n'eut pas le temps de dire oh ! que l'ours lui sauta sur le dos. »

MACHA, *à Olga, avec colère*. – Cesse de chialer !

Entrent Anfissa et Feraponte, qui porte une tarte.

ANFISSA – Par ici, mon petit père. Entre, tu as les pieds propres. *(À Irina :)* C'est de la part du Conseil de Zemstvo, de M. Protopopov, Mikhaïl Ivanytch... Une tarte.

IRINA – C'est bon. Remercie-le de ma part.

Elle prend la tarte.

FERAPONTE – Comment ?

IRINA, *plus fort*. – Remercie-le.

OLGA – Ma petite nounou, donne-lui du pâté. Va, Feraponte, on te donnera du pâté.

FERAPONTE – Comment ?

ANFISSA – Viens, mon petit père, viens, Feraponte Spiridonytch. Viens avec moi.

Anfissa et Feraponte sortent.

MACHA – Je n'aime pas ce Protopopov, Mikhaïl Potapytch ou Ivanytch, je ne sais plus. Il ne faut pas l'inviter.

IRINA – Mais je ne l'ai pas invité.

MACHA – Tu as bien fait.

Entre Tchéboutykine, suivi d'un soldat qui porte un samovar en argent. Murmure d'étonnement et de réprobation.

OLGA, *elle se couvre le visage de ses deux mains.* – Un samovar ! C'est affreux !

Elle va dans la salle.

IRINA – Ivan Romanytch, mon ami, qu'avez-vous fait ?

TOUZENBACH, *en riant.* – Qu'est-ce que je vous avais dit ?

MACHA – Ivan Romanytch, vous devriez avoir honte !

TCHÉBOUTYKINE – Mes chéries, mes bonnes petites filles, je n'ai que vous, vous êtes ce que j'ai de plus cher au monde. J'aurai bientôt soixante ans, je suis un vieillard, un vieillard solitaire et misérable…Cet amour pour vous, c'est tout ce qu'il y a de bon en moi ; sans vous, il y a longtemps que je ne serais plus de ce monde…*(À Irina :)* Ma chérie, mon enfant, je vous connais depuis que vous êtes née, je vous ai portée dans mes bras…j'aimais votre pauvre maman…

IRINA – Mais pourquoi des cadeaux aussi coûteux ?

TCHÉBOUTYKINE, *mi-ému, mi-fâché.* – Des cadeaux aussi coûteux…Laissez-moi tranquille, vous ! *(Au soldat :)* Porte le samovar dans la salle. *(L'ordonnance emporte le samovar.)* Des cadeaux aussi coûteux !

ANFISSA, *traversant le salon.* – Mes petites, il y a là un colonel que nous ne connaissons pas. Il a déjà enlevé son manteau, mes chéries, il arrive. Irinouchka, sois gentille avec lui, sois bien polie…*(En sortant :)* Il est grand temps de se mettre à table…Seigneur…

TOUZENBACH – Ce doit être Verchinine. *(Entre Verchinine.)* Le colonel Verchinine.

VERCHININE, *à Macha et Irina.* – Permettez-moi de me présenter : Verchinine. Je suis très très content d'être enfin chez vous. Mais comme vous voilà changées. Oh !

IRINA – Asseyez-vous, je vous prie. Nous sommes très heureuses…

VERCHININE, *gaiement.* – Que je suis content, que je suis content ! Vous êtes bien trois sœurs, n'est-ce pas ? Je me rappelle trois petites filles. Vos visages, non, aucun souvenir, mais je sais parfaitement que votre père, le colonel Prozorov, avait trois petites filles, que j'ai vues de mes propres yeux. Comme le temps file ! Oh ! là, là, comme il file !

TOUZENBACH – Alexandre Ignatievitch vient de Moscou.

IRINA – De Moscou ? Vous venez de Moscou ?

VERCHININE – Mais oui. Votre père y commandait une batterie, j'étais officier dans la même brigade. *(À Macha :)* Tiens, il me semble que je vous reconnais un peu.

MACHA – Moi je ne vous reconnais pas du tout.

IRINA – Olia ! Olia ! *(Plus fort :)* Olia, viens vite ! *(Olga vient de la salle.)* Tu ne sais pas ? Le colonel Verchinine vient de Moscou.

VERCHININE – Ainsi vous êtes Olga Serguéevna, l'aînée. Et vous, Maria. Et vous, Irina, la cadette…

OLGA – Vous êtes de Moscou ?

VERCHININE – Oui. C'est à Moscou que j'ai fait mes études, et commencé mon service ; j'y suis resté assez long-temps, enfin on m'a nommé commandant de batterie, ici même, et me voilà, comme vous voyez. À vrai dire, je ne me souviens pas bien de vous, je sais seulement que vous étiez trois sœurs, voilà tout. Mais j'ai gardé un souvenir très précis de votre père, il me suffit de fermer les yeux pour le voir. J'allais souvent chez vous, à Moscou…

OLGA – Moi qui croyais me souvenir de tout le monde…

VERCHININE – Je m'appelle Alexandre Ignatievitch.

IRINA – Alexandre Ignatievitch, vous êtes de Moscou… Quelle surprise !

OLGA – C'est que nous allons y retourner.

IRINA – Nous pensons y être à l'automne… C'est notre ville, nous y sommes nées… Dans la rue Vieille-Bassmannaïa…

Toutes les deux rient de bonheur.

MACHA – En voilà une surprise de rencontrer un compa-triote ! *(Avec vivacité :)* Maintenant, oui, ça y est ! Tu te rap-pelles, Olia, on l'appelait chez nous le « commandant amou-reux ». Vous étiez lieutenant, et amoureux, alors pour vous ta-quiner, on vous appelait « commandant », Dieu sait pourquoi…

VERCHININE, *en riant.* – Voilà ! Voilà ! Le « commandant amoureux » ! C'est exact…

MACHA – Vous ne portiez alors que la moustache... Oh ! comme vous avez vieilli ! *(À travers les larmes :)* Comme vous avez vieilli !

VERCHININE – Oui, quand on m'appelait le « commandant amoureux », j'étais encore jeune, j'étais amoureux. Ce n'est plus la même chose.

OLGA – Mais vous n'avez pas un seul cheveu gris. Vous avez vieilli, mais vous n'êtes pas encore vieux.

VERCHININE – J'ai pourtant quarante-deux ans bien sonnés. Il y a longtemps que vous avez quitté Moscou ?

IRINA – Onze ans. Pourquoi pleures-tu, Macha ? Quelle sotte...*(À travers les larmes :)* Pour un peu, j'en ferais autant...

MACHA – Ce n'est rien. Où habitiez-vous ?

VERCHININE – La rue Vieille-Bassmannaïa.

OLGA – Mais nous aussi...

VERCHININE – J'ai aussi habité la Rue-Allemande, et de là, j'allais à pied à la Caserne-Rouge. Je passais sur un pont lugubre, et quand on est seul, rien qu'à entendre l'eau clapoter, cela vous rend bien triste. *(Un temps.)* Mais ici, il y a une rivière si large, si abondante. Une rivière merveilleuse !

OLGA – Oui, mais il fait froid. Il fait froid, et c'est plein de moustiques...

VERCHININE – Allons donc ! C'est un climat très sain, très bon, un climat slave. Il y a la forêt, la rivière... et des bouleaux. Chers et modestes bouleaux, mes arbres préférés. Il fait bon vivre ici. Seule chose curieuse, la gare se trouve à vingt verstes de la ville. Et personne ne sait pourquoi.

SOLIONY – Si, moi. *(Tous le regardent.)* Si la gare était près, elle ne serait pas loin, mais comme elle est loin, elle n'est pas près.

Un silence embarrassé.

TOUZENBACH – Ce Vassili Vassilievitch, quel plaisantin !

OLGA – Maintenant, je vous ai reconnu. Je me souviens de vous.

VERCHININE – J'ai connu votre mère.

TCHÉBOUTYKINE – Elle était si bonne, Dieu ait son âme.

IRINA – Maman est enterrée à Moscou.

OLGA – Au cimetière des Nouvelles-Vierges…

MACHA – Dire que je commence à oublier son visage. C'est ainsi qu'on ne se souviendra plus de nous. On nous oubliera.

VERCHININE – Oui, on nous oubliera. C'est notre sort, rien à faire. Un temps viendra où tout ce qui nous paraît essentiel et très grave sera oublié, ou semblera futile. *(Un temps.)* Curieux, mais il nous est impossible de savoir aujourd'hui ce qui sera considéré comme élevé et grave, ou comme insignifiant et ridicule. Les découvertes de Copernic, ou, disons, de Christophe Colomb, n'ont-elles pas d'abord paru inutiles et risibles, alors qu'on ne cherchait la vérité qua dans les phrases alambiquées d'un quelconque original ? Il est possible que cette vie que nous acceptons sans mot dire paraisse un jour étrange, stupide, mal-honnête, peut-être même coupable…

TOUZENBACH – Qui sait ? Peut-être aussi la dira-t-on pleine de grandeur, en parlera-t-on avec estime ? Aujourd'hui, il n'y a plus de tortures, plus d'exécutions, plus d'invasions, mais cependant, que de souffrances encore !

SOLIONY, *d'une voix de fausset.* – Petits, petits, petits ! Le baron se passerait de manger, pourvu qu'on le laisse philosopher.

TOUZENBACH – Vassili Vassilievitch, je vous prie de me laisser tranquille... *(Il change de siège.)* Vous m'ennuyez, à la fin.

SOLIONY, *d'une voix de fausset.* – Petits, petits, petits...

TOUZENBACH – Les souffrances qu'on observe aujourd'hui, et comme il y en a ! prouvent tout de même que la société a moralement évolué.

VERCHININE – Oui, oui, vous avez raison.

TCHÉBOUTYKINE – Vous venez de dire, baron, qu'on accordera de la grandeur à notre vie ; pourtant les gens sont bien petits... *(Il se lève.)* Voyez comme je suis petit. Parler de la grandeur de ma vie, c'est une façon de me consoler, voilà tout.

On entend jouer du violon dans les coulisses.

MACHA – C'est André, notre frère, qui joue.

IRINA – André est notre savant. Il sera sans doute professeur de faculté. Papa était militaire, mais son fils a choisi la carrière universitaire.

MACHA – Comme papa le souhaitait.

OLGA – Nous l'avons beaucoup taquiné aujourd'hui. Je crois qu'il est un peu amoureux.

IRINA – D'une demoiselle d'ici. Elle viendra sans doute nous voir aujourd'hui.

MACHA – Comme elle s'arrange, mon Dieu ! Ses toilettes ne sont ni laides ni démodées, non, mais tout simplement lamentables. Une jupe étrange, d'un jaune voyant, ornée d'une frange ridicule, et un chemisier rouge !... Et ses joues, qui brillent à force d'être astiquées ! André n'est pas amoureux d'elle, non, c'est impossible, il a tout de même du goût, il veut seulement nous taquiner. Hier on m'a dit qu'elle allait épouser Protopopov, le président du Conseil du Zemstvo. C'est parfait... *(Elle se tourne vers une porte et appelle :)* André, viens ! Juste une minute, mon chéri !

Entre André.

OLGA – Voilà mon frère, André Serguéevitch.

VERCHININE – Verchinine.

ANDRÉ – Prozorov. *(Il essuie son visage en sueur.)* Vous êtes le nouveau commandant de batterie ?

OLGA – Rends-toi compte, Alexandre Ignatievitch est de Moscou !

ANDRÉ – Vraiment ? Alors je vous félicite : vous n'aurez plus la paix avec mes petites sœurs.

VERCHININE – C'est moi qui ai déjà eu le temps de les lasser.

IRINA – Regardez ce petit cadre qu'André m'a offert aujourd'hui. *(Elle lui montre un cadre.)* C'est lui qui l'a découpé.

VERCHININE, *regardant le cadre et ne sachant que dire.* – Oui...C'est un objet...

IRINA – Et celui-là, là-bas, au-dessus du piano, c'est encore lui.

André s'écarte en faisant un geste de la main.

OLGA – Il est savant, il joue du violon, il sait découper toutes sortes de petites choses, bref il a tous les talents. André ne t'en va pas ! Quelle manie de toujours te sauver ! Viens ici.

*Macha et Irina le prennent par le bras et le ramènent
en riant.*

MACHA – Viens ici. Viens !

ANDRÉ – Laissez-moi, je vous en prie.

MACHA – Qu'il est drôle ! Autrefois, on appelait Alexandre Ignatievitch « le commandant amoureux », il ne se fâchait pas du tout.

VERCHININE – Nullement !

MACHA – Eh bien, moi, je vais t'appeler : « le violoniste amoureux ».

IRINA – Ou le professeur amoureux.

OLGA – Il est amoureux ! Andrioucha est amoureux !

IRINA, *applaudissant.* – Bravo ! Bravo ! Bis ! Andrioucha est amoureux !

TCHÉBOUTYKINE *s'approche d'André par-derrière et lui entoure la taille de ses deux mains.* – « La nature ne nous a créés que pour l'amour. »

> *Il éclate de rire ; il n'a pas lâché son journal.*

ANDRÉ – Voyons, assez, assez... *(Il s'essuie le visage.)* Je n'ai pas fermé l'œil de la nuit, je ne suis pas dans mon assiette, comme on dit. J'ai lu jusqu'à quatre heures du matin, puis je me suis couché, mais pas moyen de dormir. J'ai pensé à ceci, à cela ; l'aube se lève tôt maintenant et le soleil s'est engouffré dans ma chambre. Cet été, puisque je reste ici, j'ai l'intention de traduire de l'anglais.

VERCHININE – Vous connaissez l'anglais ?

ANDRÉ – Oui. Notre père, que Dieu ait son âme, nous a forcés à nous instruire. C'est peut-être ridicule et bête, mais j'avoue que depuis sa mort, j'ai grossi en un an comme si mon corps avait été libéré d'un joug. C'est grâce à mon père que mes sœurs et moi, nous connaissons le français, l'allemand et l'anglais ; Irina sait même l'italien. Mais que d'efforts pour en arriver là !

MACHA – Savoir trois langues dans une ville pareille, c'est du luxe. Une espèce d'excroissance absurde, un sixième doigt. Nous savons beaucoup de choses inutiles.

VERCHININE – Quelle drôle d'idée ! *(Il rit.)* Vous savez trop de choses inutiles ! Mais un être intelligent et instruit n'est jamais de trop, où qu'il soit, même dans une ville ennuyeuse et morne. Admettons qu'il n'y ait que trois êtres comme vous, parmi les cent mille habitants de cette ville arriérée et grossière, je vous l'accorde. Vous ne pourrez certes pas vaincre les masses obscures qui vous entourent ; vous allez céder peu à peu, vous perdre dans cette immense foule, la vie va vous étouffer, mais vous ne disparaîtrez pas sans laisser de traces ; après vous, six êtres de votre espèce surgiront peut-être, puis douze, et ainsi de suite, jusqu'à ce que vos pareils constituent la majorité. Dans deux ou trois cents ans, la vie sur terre sera indiciblement belle, étonnante. L'homme a besoin d'une telle vie ; il doit la pressentir, l'attendre, en rêver…s'y préparer. Et pour cela, voir davantage, être plus instruit que ses père et grand-père. *(Il rit.)* Et vous qui vous plaignez de savoir trop de choses !…

MACHA *enlève son chapeau.* – Je reste déjeûner.

IRINA, *avec un soupir.* – Vraiment, tout ça mérite d'être noté…

André s'est éclipsé discrètement.

TOUZENBACH – Vous dites que dans beaucoup d'années la vie sera merveilleuse, étonnante. C'est vrai. Mais pour y participer dès maintenant, fût-ce de loin, il faudrait se préparer, travailler…

VERCHININE, *se levant.* – Oui. Dites, vous en avez des fleurs ! *(Jetant un regard autour de lui :)* Et quel bel appartement ! Je vous envie. Moi j'ai traîné toute ma vie dans des petites pièces, avec deux chaises, un divan, et des cheminées qui fumaient. Des fleurs comme celles-ci, voilà ce qui m'a toujours manqué...*(Il se frotte les mains.)* Enfin...

TOUZENBACH – Oui, il faut travailler. Vous devez vous dire : voilà un Allemand sentimental. Mais je suis Russe, parole d'honneur ; je ne parle même pas l'allemand. Mon père est orthodoxe...

Un temps.

VERCHININE, *arpentant la scène.* – Je me dis souvent : si l'on pouvait recommencer sa vie, une bonne fois, consciemment ? Si cette vie que nous avons n'était, pour ainsi dire, qu'un brouillon, et l'autre, une copie propre ? Je pense que chacun de nous tenterait alors de ne pas se répéter, ou tout au moins créerait une autre ambiance, un appartement comme le vôtre, par exemple, inondé de lumière, plein de fleurs... Moi, j'ai une femme, deux fillettes, ma femme n'est pas en bonne santé, etc., etc....Eh bien, si c'était à refaire, je ne me marierais pas...Oh ! non !

Entre Koulyguine, en uniforme de professeur.

KOULYGUINE, *s'approchant d'Irina.* – Ma chère sœur, permets-moi de te féliciter, et de te présenter mes vœux sincères et cordiaux de santé et de tout ce que peut désirer une jeune fille de ton âge. Et aussi, de t'offrir ce petit livre. *(Il lui tend un livre.)* C'est l'histoire de notre lycée depuis cinquante ans. Un livre sans importance, que j'ai écrit par désœuvrement, mais lis-le tout de même. Bonjour tout le monde ! *(À Verchinine :)* Koulyguine, professeur au lycée. *(À Irina :)* Tu y trouveras la liste de tous ceux qui ont terminé leurs études dans notre lycée, depuis cinquante ans. *Feci quod potui, faciant meliora potentes*...

Il embrasse Macha.

IRINA – Mais tu m'as donné le même à Pâques !

KOULYGUINE, *en riant* – Pas possible ? Dans ce cas, rends-le moi, ou non, bien mieux, donne-le au colonel. Tenez, mon colonel. Vous le lirez, quand vous n'aurez rien à faire.

VERCHININE – Je vous remercie. *(Il s'apprête à partir.)* Je suis extrêmement heureux d'avoir fait votre connaissance…

OLGA – Vous partez ? Oh ! non ! Non !

IRINA – Vous resterez déjeuner. Restez, s'il vous plaît !

OLGA – Je vous en prie !

VERCHININE *salue.* – Il me semble que je suis tombé chez vous un jour de fête. Excusez-moi, je l'ignorais, je ne vous ai pas présenté mes vœux…

Il suit Olga dans la salle.

KOULYGUINE – Aujourd'hui, mes amis, c'est dimanche, jour de repos, donc, reposons-nous, amusons-nous, chacun selon son âge et sa situation. Pendant l'été, il faudra enlever les tapis, et les ranger jusqu'à l'hiver. Mettre de la poudre de Perse ou de la naphtaline…Les Romains se portaient bien, car ils savaient travailler, et aussi se reposer : *mens sana in corpore sano.* Leur vie épousait des formes précises. Notre directeur dit : « L'essentiel, en toute vie, c'est la forme »… Ce qui perd sa forme est condamné, ceci étant également vrai pour la vie quotidienne. *(Il enlace en riant la taille de Macha.)* Macha m'aime. Ma femme m'aime… Et les rideaux de fenêtres rejoindront les tapis… Aujourd'hui, je suis gai, d'une humeur épatante. Macha, à quatre heures, nous devons aller chez le directeur. On a prévu une excursion, pour les professeurs et leur famille.

MACHA – Je n'irai pas.

KOULYGUINE, *chagriné.* – Ma gentille Macha, pourquoi ?

MACHA – Nous en reparlerons. *(Avec colère :)* Bon, oui, j'irai, mais laisse-moi tranquille, je t'en prie.

Elle s'éloigne.

KOULYGUINE – Nous passerons la soirée chez le directeur. Malgré sa mauvaise santé, il s'efforce avant tout d'être sociable. Un homme excellent, une personnalité lumineuse. Hier, après la réunion, il m'a dit : « Je suis fatigué, Fédor Kouzmitch. Je suis fatigué. » *(Il regarde la pendule, puis consulte sa montre.)* Votre pendule avance de sept minutes. « Oui », m'a-t-il dit, « je suis fatigué. »

On joue du violon derrière la scène.

OLGA – Mes amis, à table, je vous en prie. Il y a du pâté !

KOULYGUINE – Ah ! ma chère, ma chère Olga ! Hier j'ai travaillé du matin jusqu'à onze heures du soir, j'étais éreinté, mais aujourd'hui, je me sens heureux. *(Il va dans la salle.)* Ma chère Olga…

TCHÉBOUTYKINE *met le journal dans sa poche et lisse sa barbe.* – Il y a du pâté en croûte ? Parfait !

MACHA, *à Tchéboutykine, sévèrement.* – Mais attention : pas question de boire, aujourd'hui. Compris ? Ça ne vous vaut rien.

TCHÉBOUTYKINE – Mais c'est fini, voyons. Deux ans que je n'ai pas eu de crise d'alcoolisme. *(Avec impatience :)* Et puis, ma petite mère, quelle importance ?

MACHA – C'est égal, je vous défends de boire. Interdit ! *(Avec colère, mais baissant la voix pour que son mari n'entende pas :)* Passer encore une soirée assommante chez le directeur ! Que le diable les emporte !

TOUZENBACH – À votre place, je n'irais pas. Tout simplement.

TCHÉBOUTYKINE – Oui, ma douce, n'y allez pas.

MACHA – Ah ! oui, n'y allez pas… Quelle vie maudite, insupportable…

Elle va dans la salle.

TCHÉBOUTYKINE, *la suivant.* Voyons, voyons…

SOLIONY, *allant dans la salle.* – Petits, petits, petits…

TOUZENBACH – Suffit, Vassili Vassilievtch ! assez !

SOLIONY – Petits, petits, petits…

KOULYGUINE, *gaiement.* – À la vôtre, mon colonel ! Je suis professeur, et ici, dans cette maison, je suis chez moi. Je suis le mari de Macha… Elle est bonne, Macha, elle est très bonne.

VERCHININE – J'aimerais goûter de cette vodka foncée. *(Il boit.)* À la vôtre. *(À Olga :)* Je suis si bien chez vous !

Au salon, Irina et Touzenbach, seuls.

IRINA – Macha est de mauvaise humeur aujourd'hui. Elle s'est mariée à dix-huit ans, elle le croyait alors supérieurement intelligent. Ce n'est plus la même chanson. C'est le meilleur des hommes, oui, mais pour l'intelligence…

OLGA, *avec impatience.* – André, enfin, veux-tu venir ?

ANDRÉ, *derrière la scène.* – J'arrive.

Il entre et va vers la table.

TOUZENBACH – À quoi pensez-vous ?

IRINA – À rien. Je n'aime pas votre Soliony, il me fait peur. Il ne dit que des bêtises.

TOUZENBACH – C'est un homme étrange. À la fois pitoyable et irritant, mais surtout pitoyable. Je crois qu'il est timide...Quand nous sommes seuls, il lui arrive d'être très intelligent, très aimable, mais en société, il devient grossier, agressif. Restez ici, pendant qu'ils se mettent à table. Permettez-moi d'être près de vous. À quoi pensez-vous ? *(Un temps.)* Vous avez vingt ans, moi pas encore trente. Que d'années devant nous, quelle longue suite de jours, pleins de mon amour pour vous...

IRINA – Nicolas Lvovitch, ne me parlez pas d'amour.

TOUZENBACH, *sans l'écouter.* – J'ai une telle soif de vie, de lutte, de travail, et dans mon cœur, elle se confond avec mon amour pour vous, Irina. Comme par un fait exprès, vous êtes si belle, et la vie me paraît si belle, aussi...À quoi pensez-vous ?

IRINA – Vous dites : la vie est belle. Oui, mais si c'était une erreur ? Pour nous, les trois sœurs, la vie n'a pas encore été belle, elle nous a étouffées, comme une mauvaise herbe...Voilà, des larmes. C'est bien inutile...*(Elle s'essuie vivement les yeux en souriant.)* Il faut travailler, il faut travailler ! Si nous sommes tristes, si nous voyons la vie en noir c'est parce que nous ignorons le travail. Nous sommes nées de gens qui le méprisaient...

> *Entre Natalia Ivanovna ; elle porte une robe rose avec une ceinture verte.*

NATACHA – Ils se mettent à table...Je suis en retard. *(Elle jette un regard furtif dans la glace, arrange ses cheveux.)* Je crois que je ne suis pas trop mal coiffée...(*Voyant Irina :)* Chère Irina Serguéevna, tous mes vœux ! *(Elle l'embrasse avec effusion, longuement.)* Vous avez tant de monde ! Je suis vraiment intimidée. Bonjour, baron.

OLGA, *revient au salon.* – Ah ! voilà Natalia Ivanovna ! Bonjour ma chère.

Elles s'embrassent.

NATACHA – Les félicitations. Vous avez beaucoup d'invités, je suis terriblement confuse…

OLGA – Voyons, il n'y a que des amis. *(Baissant la voix, l'air effrayé :)* Mais cette ceinture verte ! Ce n'est pas bien, ma chère.

NATACHA – Ça porte malheur ?

OLGA – Non, mais ça jure…un drôle d'effet…

NATACHA, *d'une voix larmoyante.* – Vraiment ? Elle n'est pas verte, la couleur est plutôt mate.

> *Elle suit Olga dans la salle. Tout le monde se met à table. Il ne reste plus personne au salon.*

KOULYGUINE – Irina, je te souhaite de trouver un bon fiancé. Il est temps que tu te maries !

TCHÉBOUTYKINE – À vous aussi, Natalia Ivanovna, je souhaite un gentil petit fiancé.

KOULYGUINE – Natalia Ivanovna en a déjà un.

MACHA – Envoyons-nous un petit verre de vin. Eh ! la vie est belle. Advienne que pourra !

KOULYGUINE – Tu mérites un zéro de conduite.

VERCHININE – Cette liqueur est excellente. Qu'est-ce que vous mettez dedans ?

SOLIONY – Des cafards.

IRINA, *plaintive.* – Fi ! C'est dégoûtant !

OLGA – Pour le souper, nous aurons une dinde rôtie et une tarte aux pommes. Aujourd'hui, Dieu merci, je reste à la maison toute la journée, et le soir aussi. Mes amis, revenez ce soir…

VERCHININE – Et moi, puis-je revenir aussi ?

IRINA – Je vous en prie.

NATACHA – Ici, on ne fait pas de manières.

TCHÉBOUTYKINE – « La nature ne nous a créés que pour l'amour. »

Il rit.

ANDRÉ, *fâché.* – Suffit ! Comment n'en avez-vous pas assez ?

Fedotik et Rodé entrent, portant une grande corbeille de fleurs.

FEDOTIK – Tiens, ils sont déjà en train de déjeuner.

RODÉ, *d'une voix forte et grasseyante.* – Ils déjeunent ? Ah ! oui, en effet !

FEDOTIK – Un instant ! *(Il prend une photo.)* Et d'une ! Attends encore un peu. *(Il prend une autre photo.)* Et de deux ! Voilà, ça y est.

Ils prennent la corbeille et vont dans la salle, où on les accueille bruyamment.

RODÉ, *d'une voix forte.* – Félicitations, tous nos vœux ! Le temps est délicieux aujourd'hui. Une merveille ! Je me suis promené toute la matinée avec mes lycéens ; je leur enseigne la gymnastique...

FEDOTIK – Vous pouvez bouger, Irina Serguéevna, vous pouvez. (Il prend une photo.) Vous êtes très jolie aujourd'hui. (Il sort une toupie de sa poche.) À propos, cette toupie...Elle a un son remarquable.

IRINA – Que c'est joli !

MACHA – « Au bord d'une anse il y a un chêne vert, autour du chêne une chaîne d'or »... « Autour du chêne une chaîne d'or »... (*Plaintive* :) Pourquoi est-ce que je répète ça ? Cette phrase me trotte dans la tête depuis ce matin.

KOULYGUINE – Nous sommes treize à table.

RODÉ, très fort. – Seriez-vous portés à la superstition, messieurs ?

Rires.

KOULYGUINE – Si nous sommes treize à table, c'est qu'il y a des amoureux parmi nous. Ce n'est pas vous, Ivan Romanovitch, qui êtes amoureux ?...

TCHÉBOUTYKINE – Moi, je suis un vieux pécheur, mais pourquoi Natalia Ivanovna est-elle si troublée ? Vraiment, je n'y comprends rien.

Rire général. Natacha quitte la table et court au salon. André la suit.

ANDRÉ – Voyons, n'y faites pas attention. Attendez...arrêtez, je vous en prie...

NATACHA – J'ai honte...Je ne sais pas ce qui m'arrive, et voilà qu'ils se moquent encore de moi. Ce n'est pas bien de quitter la table comme ça...mais je ne peux pas...je n'en peux plus...

Elle se couvre le visage de ses deux mains.

ANDRÉ – Ma chérie, je vous en prie, je vous en supplie, du calme. Ils ne font que plaisanter, je vous assure, ils n'ont que de bonnes intentions. Ma chérie, ma gentille, ce sont de braves gens, ils ont du cœur, ils nous aiment bien. Venez là, près de la fenêtre, ils ne nous verront pas.

Il regarde autour de lui.

NATACHA – Je n'ai pas l'habitude d'aller dans le monde.

ANDRÉ – Oh ! belle jeunesse, merveilleuse jeunesse ! Ma chérie, ma douce, calmez-vous ! Ayez confiance en moi...Je suis si heureux, mon cœur est plein d'amour, plein d'enthousiasme. Oh ! non, personne ne nous voit, personne ! Comment, pourquoi vous ai-je aimée ? Depuis quand ? Ah ! je n'y comprends rien. Ma chérie, vous si bonne, si pure, soyez ma femme. Je vous aime, je vous aime, comme je n'ai jamais...

Un baiser. Deux officiers entrent, et voyant le couple enlacé, s'arrêtent stupéfaits.

ACTE II

Même décor. Huit heures du soir. Derrière la scène, dans la rue, les sons à peine perceptibles d'un accordéon. Pas de lumière. Entre Natalia Ivanovna, en peignoir, une bougie à la main ; elle s'arrête devant la porte qui mène à la chambre d'André.

NATACHA – Qu'est-ce que tu fais, Andrioucha ? Tu lis ? Non, ce n'est rien, je ne veux pas te déranger...*(Elle va ouvrir une autre porte, regarde à l'intérieur, la referme.)* On n'a pas allumé ici ?...

ANDRÉ *entre, un livre à la main.* – Qu'est-ce qu'il y a, Natacha ?

NATACHA – Je regarde si on n'a pas laissé des bougies allumées... Avec ce carnaval, les domestiques ont perdu la tête, il faut tout surveiller pour qu'il n'arrive pas un malheur. Hier, à minuit, je suis passée par la salle à manger, une bougie brûlait encore. Impossible de savoir qui l'avait allumée. *(Elle pose la bougie sur la table.)* Quelle heure est-il ?

ANDRÉ, *il regarde sa montre.* – Huit heures et quart.

NATACHA – Olga et Irina ne sont pas encore rentrées. Quelle peine elles se donnent, les pauvres petites, Olga au conseil pédagogique, Irina au télégraphe...*(Un soupir.)* Ce matin, j'ai dit à ta sœur : « Ménage-toi, Irina, ma mignonne. » Elle ne m'écoute même pas. Huit heures et quart, dis-tu ? J'ai peur que notre Bobik n'aille pas bien. Pourquoi est-il si froid ? Hier il avait de la fièvre, et aujourd'hui il est comme un glaçon...J'ai tellement peur pour lui.

ANDRÉ – Mais non, Natacha. Le petit n'a rien.

NATACHA – Il vaut tout de même mieux le laisser à la diète. Vraiment, j'ai peur. Et puis, on me dit que des masques doivent venir après neuf heures ; Andrioucha, il vaudrait mieux qu'ils ne viennent pas.

ANDRÉ – Je ne sais pas, moi... Puisqu'on les a invités.

NATACHA – Ce matin, notre petit se réveille, il me regarde, et le voilà qui sourit ; il m'a donc reconnue. « Bonjour, Bobik, bonjour, mon chéri. » Et lui de rire. Les enfants comprennent tout parfaitement. Andrioucha, je dirai qu'on ne reçoive pas les masques, n'est-ce pas ?

ANDRÉ, *hésitant.* – Mais cela dépend de mes sœurs. Ce sont elles qui commandent ici.

NATACHA – Je le leur dirai, à elles aussi. Elles sont si bonnes. *(Elle s'apprête à sortir.)* Il y aura du lait caillé pour le dîner. Le docteur a dit que si tu veux maigrir, il ne faut manger que du lait caillé. *(Elle s'arrête.)* Bobik est tout froid. Sa chambre est sûrement trop fraîche. Si on le mettait dans une autre pièce, au moins jusqu'à la belle saison ? La chambre d'Irina, par exemple, conviendrait parfaitement, elle n'est pas humide, elle est très ensoleillée. Je le dirai à Irina, en attendant, elle peut partager la chambre d'Olga... De toute façon, elle n'y est jamais dans la journée, elle ne fait qu'y coucher... *(Un temps.)* Mon petit Andrioucha, pourquoi ne dis-tu rien ?

ANDRÉ – Je pensais à autre chose. D'ailleurs, je n'ai rien à dire...

NATACHA – Mais moi j'avais quelque chose... Ah ! oui : Feraponte, du Conseil municipal, il te demande.

ANDRÉ, *bâillant.* – Appelle-le. *(Natacha sort. André lit à la lueur de la bougie qu'elle a oubliée. Entre Feraponte ; il est vêtu d'un vieux manteau élimé, au col relevé ; il porte un bandeau sur les oreilles.)* Bonjour, ami. Quoi de neuf ?

FERAPONTE – Le président vous envoie un livre, et puis des papiers. Voici.

> *Il tend à André un livre et des papiers.*

ANDRÉ – Merci. C'est bon. Mais tu n'es pas en avance, dis donc. Il est huit heures passées.

FERAPONTE – Comment ?

ANDRÉ, *élevant la voix*. – Je dis : tu arrives tard, il est huit heures passées.

FERAPONTE – C'est vrai. Quand je suis venu, il faisait encore clair, mais on ne m'a pas laissé entrer. Le barine, qu'ils disent, est occupé. Eh bien, s'il est occupé, alors il est occupé, moi, je ne suis pas pressé. *(Croyant qu'André lui demande quelque chose :)* Comment ?

ANDRÉ – Non, rien. *(Il regarde le livre.)* Demain, vendredi, nous n'avons pas de séance, mais je viendrai tout de même... ça m'occupera. Je m'ennuie à la maison. *(Un temps.)* Cher vieux, comme la vie change drôlement, comme elle nous trompe ! Aujourd'hui, par ennui, par désœuvrement, j'ai pris ce livre, de vieux cours universitaires, et j'ai eu envie de rire...Mon Dieu, je suis le secrétaire du Conseil du Zemstvo, de ce conseil dont Protopopov est président, et le mieux que je puisse espérer, c'est d'en devenir membre. Moi, membre du Conseil du Zemstvo, moi qui rêve toutes les nuits que je suis professeur de l'Université de Moscou, savant célèbre dont s'enorgueillit la Russie.

FERAPONTE – Je ne sais pas, moi...Je suis dur d'oreille...

ANDRÉ – Si tu entendais bien, je ne te parlerais peut-être pas. Il faut que je puisse parler avec quelqu'un ; ma femme ne me comprend pas, et je crains mes sœurs, oui, j'ai peur qu'elles se moquent de moi, qu'elles me fassent honte. Je ne bois pas, je n'aime pas les cabarets, mais mon ami, quel plaisir, si je pouvais passer une heure chez Testov ou au Grand Restaurant, à Moscou.

FERAPONTE – Il paraît qu'à Moscou, c'est un entrepreneur qui l'a raconté au Conseil, des marchands ont mangé des crêpes ; il y en a qui en a mangé quarante, il en est mort. Quarante, ou peut peut-être bien cinquante, je ne me rappelle plus.

ANDRÉ – À Moscou, on s'installe dans une immense salle de restaurant, on ne connaît personne, personne ne vous connaît, et pourtant, on ne se sent pas isolé. Alors qu'ici, on connaît tout le monde, tout le monde vous connaît, et vous vous sentez comme étranger. Étranger, et solitaire.

FERAPONTE – Comment ? *(Un temps.)* Le même entrepreneur a encore raconté, mais peut-être bien qu'il ment, qu'on a tendu un câble à travers tout Moscou.

ANDRÉ – Pour quoi faire ?

FERAPONTE – Je n'en sais rien. C'est l'entrepreneur qui raconte ça.

ANDRÉ – Des bêtises. *(Il lit le livre.)* Tu es allé à Moscou, toi ?

FERAPONTE, *après un silence.* – Non, jamais. Dieu ne l'a pas voulu. *(Un temps.)* Je peux m'en aller ?

ANDRÉ – Oui, tu peux. Porte-toi bien. *(Feraponte sort.)* Porte-toi bien. *(Il lit.)* Tu reviendras demain matin, tu prendras ces papiers…Va…*(Un temps.)* Il est parti. *(On sonne.)* Et voilà, c'est ainsi.

> *Il s'étire et va dans sa chambre sans se presser. En coulisse, une nourrice chante une berceuse pour endormir l'enfant. Entrent Macha et Verchinine.*

Pendant qu'ils parlent une femme de chambre allume une lampe et des bougies.

MACHA – Je ne sais pas. *(Un temps.)* Je ne sais pas. Naturellement, l'habitude y est pour beaucoup. Ainsi, après la mort de mon père, il nous paraissait étrange de ne plus avoir d'ordonnance. Mis, sans même parler d'habitude, la moindre notion de justice… Ailleurs, c'est peut-être différent, mais ici, dans notre ville, les gens les plus convenables, les plus nobles, les mieux élevés, ce sont les militaires.

VERCHININE – Que j'ai soif ! Je boirais volontiers du thé.

MACHA, *elle regarde sa montre.* – On va nous en servir bientôt. On m'a mariée à dix-huit ans, et j'avais peur de mon mari, parce qu'il était professeur, et que moi, je venais tout juste de terminer mes études. Il me paraissait alors terriblement savant, intelligent, grave. Maintenant, hélas, ce n'est plus la même chose.

VERCHININE – Bien sûr…Oui.

MACHA – Je ne parle pas de mon mari, je m'y suis habituée, mais parmi les civils, combien de gens grossiers, secs, mal élevés. La brutalité m'énerve, me vexe, je souffre du manque de finesse, de douceur, d'amabilité. Et quand il m'arrive de me trouver avec des professeurs, les collègues de mon mari, je suis tout simplement malheureuse.

VERCHININE – Oui…Seulement, je crois que civils et militaires se valent, voyez-vous, du moins dans cette ville. Ils se valent tous. Écoutez les intellectuels d'ici, civils ou militaires : leur femme, leur maison, leur propriété, leurs chevaux, tous les exaspère, tout… Le Russe a une tendance naturelle à cultiver des idées élevées, mais pourquoi reste-t-il à un niveau si médiocre dans la vie ? Hein, pourquoi ?

MACHA – Pourquoi ?

VERCHININE – Pourquoi ne peut-il supporter ses enfants, sa femme ? Et pourquoi sa femme et ses enfants ne peuvent-ils le supporter ?

MACHA – Vous êtes un peu déprimé aujourd'hui.

VERCHININE – C'est possible. Je n'ai pas dîné, je n'ai rien mangé depuis ce matin. Une de mes filles est souffrante, et quand mes petites sont malades, l'inquiétude me saisit, et le remords de leur avoir donné une telle mère. Oh ! si vous l'aviez vue aujourd'hui ! Quelle nullité ! Nous avons commencé à nous quereller à sept heures du matin ; à neuf, je suis parti en claquant la porte. *(Un temps.)* Je n'en parle jamais, c'est étrange, je ne me plains qu'à vous. *(Il lui baise la main.)* Ne m'en veuillez pas. Je n'ai que vous, vous seule au monde...

Un temps.

MACHA – Quel bruit dans le poêle. Peu de temps avant la mort de notre père, ça faisait le même bruit. Exactement le même !

VERCHININE – Seriez-vous superstitieuse ?

MACHA – Oui.

VERCHININE – C'est étrange...*(Il lui baise la main.)* Vous êtes une femme magnifique, merveilleuse. Oui, magnifique, merveilleuse ! Il fait sombre ici, mais je vois l'éclat de vos yeux.

MACHA, *changeant de siège.* – Ici, il fait plus clair.

VERCHININE – J'aime, j'aime, j'aime... j'aime vos yeux, vos gestes, dont je rêve... Vous êtes magnifique, merveilleuse...

MACHA, *riant doucement.* – Quand vous me parlez ainsi, j'ai envie de rire, et en même temps j'ai peur... Arrêtez, je vous en prie. *(À mi-voix :)* Oh ! et puis non, parlez, ça m'est égal. *(Elle se couvre le visage de ses deux mains.)* Tout m'est égal. On vient, parlez d'autre chose...

Irina et Touzenbach entrent, venant de la salle.

TOUZENBACH – J'ai un triple nom, je m'appelle le baron Touzenbach-Krone-Altschauer, mais je suis Russe, orthodoxe, tout comme vous. Je n'ai presque rien d'un Allemand, sauf peut-être la patience, et l'entêtement avec lequel je viens vous ennuyer. Je vous raccompagne tous les soirs.

IRINA – Comme je suis fatiguée !

TOUZENBACH – Ainsi, chaque soir, je viendrai vous chercher au télégraphe, vous reconduire à la maison, pendant six ou vingt ans, jusqu'à ce que vous me chassiez… *(Apercevant Macha et Verchinine, joyeusement :)* C'est vous ? Bonsoir !

IRINA – Enfin à la maison ! *(À Macha :)* Tout à l'heure, une dame est venue télégraphier à son frère, à Saratov, pour lui dire que son fils est mort aujourd'hui. Et voilà qu'elle ne peut se rappeler son adresse. Alors on a envoyé le télégramme, à Saratov, comme ça. Elle pleurait. Et moi, sans raison, j'ai été grossière, je lui ai dit que je n'avais pas de temps à perdre. C'était d'un bête…Il y aura des masques aujourd'hui ?

MACHA – Oui.

IRINA, *elle se laisse tomber dans un fauteuil.* – Me reposer. Fatiguée.

TOUZENBACH, *en souriant.* – Quand vous revenez du travail, vous paraissez si petite, une enfant malheureuse…

Un temps.

IRINA – Fatiguée. Non, je n'aime pas le télégraphe, je ne l'aime pas !

MACHA – Tu as maigri…*(Elle sifflote.)* Et rajeuni, tu ressembles à un gamin.

TOUZENBACH – C'est la coiffure.

IRINA – Il faudra chercher un autre travail, celui-là ne me convient pas. Il lui manque tout ce dont j'ai rêvé. Un travail sans poésie, sans esprit... *(On frappe au plancher.)* C'est le docteur qui frappe. *(À Touzenbach :)* Mon ami, frappez... Je n'en peux plus... fatiguée... *(Touzenbach frappe au plancher.)* Il va venir tout de suite. Il faudrait tout de même essayer quelque chose. Hier, le docteur et notre André ont encore joué, et perdu. Il paraît qu'André a perdu deux cents roubles.

MACHA, *avec indifférence.* – Que veux-tu qu'on y fasse ?

IRINA – Il a perdu il y a quinze jours, comme en décembre. Ah ! s'il pouvait tout perdre, très vite, alors nous quitterions peut-être cette ville. Seigneur mon Dieu, je rêve de Moscou toutes les nuits, je suis devenue à moitié folle ! *(Elle rit.)* Nous allons partir en juin, il nous reste encore... février, mars, avril, mai, presque la moitié d'une année.

MACHA – Pourvu que Natacha n'apprenne pas qu'il a perdu.

IRINA – Je crois qu'elle s'en moque.

> *Entre Tchéboutykine qui vient de se réveiller – il fait la sieste après le dîner ; il se lisse la barbe, s'assoit à la table de la salle et tire un journal de sa poche.*

MACHA – Le voilà. A-t-il payé son loyer ?

IRINA, *en riant.* – Non, pas un kopeck depuis huit mois. Il a sans doute oublié.

MACHA, *en riant.* – Comme il a l'air important !

> *Rire général. Un temps.*

IRINA – Pourquoi ne dites-vous rien, Alexandre Ignatievitch ?

VERCHININE – Je ne sais pas. Je voudrais du thé ! Je donnerais la moitié de ma vie pour un verre de thé. Rien mangé depuis ce matin…

TCHÉBOUTYKINE – Irina Serguéevna !

IRINA – Oui ?

TCHÉBOUTYKINE – Venez ici. *(Irina va le rejoindre et s'assoit à la table.)* Je ne peux pas me passer de vous.

Irina fait une réussite.

VERCHININE – Eh bien, si l'on ne nous donne pas de thé, échangeons au mois des propos philosophiques.

TOUZENBACH – Si vous voulez. De quoi parlerons-nous ?

VERCHININE – De quoi ? Rêvons ensemble…par exemple de la vie telle qu'elle sera après nous, dans deux ou trois cents ans.

TOUZENBACH – Eh bien, après nous on s'envolera en ballon, on changera la coupe des vestons, on découvrira peut-être un sixième sens, qu'on développera, mais la vie restera la même, un vie difficile, pleine de mystère, et heureuse. Et dans mille ans, l'homme soupirera comme aujourd'hui : « Ah ! qu'il est difficile de vivre ! » Et il aura toujours peur de la mort et ne voudra pas mourir.

VERCHININE, *après avoir réfléchi.* – Comment vous expliquer ? Il me semble que tout va se transformer peu à peu, que le changement s'accomplit déjà, sous nos yeux. Dans deux ou trois cents ans, dans mille ans peut-être, peu importe le délai, s'établira une vie nouvelle, heureuse. Bien sûr, nous ne serons plus là, mais c'est pour cela que nous vivons, travaillons, souffrons enfin, c'est nous qui la créons, c'est même le seul but de notre existence, et si vous voulez, de notre bonheur.

Macha rit doucement.

TOUZENBACH – Pourquoi riez-vous ?

MACHA – Je ne sais pas. Je ris depuis ce matin.

VERCHININE – J'ai fait les mêmes études que vous, je n'ai pas été à l'Académie militaire. Je lis beaucoup, mais je ne sais pas choisir mes lectures, peut-être devrais-je lire tout autre chose ; et cependant, plus je vis, plus j'ai envie de savoir. Mes cheveux blanchissent, bientôt je serai vieux, et je ne sais que peu, oh ! très peu de chose. Pourtant, il me semble que je sais l'essentiel, et que je le sais avec certitude. Comme je voudrais vous prouver qu'il n'y a pas, qu'il ne doit pas y avoir de bonheur pour nous, que nous ne le connaîtrons jamais…Pour nous, il n'y a que le travail, rien que le travail, le bonheur, il sera pour nos lointains descendants. *(Un temps.)* Le bonheur n'est pas pour moi, mais pour les enfants de mes enfants.

> *Fedotik et Rodé apparaissent dans la salle ; ils s'assoient et se mettent à chanter doucement en s'accompagnant à la guitare.*

TOUZENBACH – Alors, d'après vous, il ne faut même pas rêver au bonheur ? Mais je suis heureux ?

VERCHININE – Non.

TOUZENBACH, *joignant les mains et riant.* – Visiblement, nous ne nous comprenons pas. Comment vous convaincre ? *(Macha rit doucement. Il lui montre son index.)* Eh bien, riez ! *(À Verchinine :)* Non seulement dans deux ou trois cents ans, mais dans un million d'années, la vie sera encore la même ; elle ne change pas, elle est immuable, conforme à ses propres lois, qui ne nous concernent pas, ou dont nous ne saurons jamais rien. Les oiseaux migrateurs, les cigognes, par exemple, doivent voler, et quelles que soient les pensées, sublimes ou insignifiantes, qui leur passent par la tête, elles volent sans relâche, sans savoir pourquoi, ni où elles vont. Elles volent et voleront, quels que soient les philosophes qu'il pourrait y avoir parmi elles ; elles peuvent toujours philosopher, si ça les amuse, pourvu qu'elles volent...

MACHA – Tout de même, quel est le sens de tout cela ?

TOUZENBACH – Le sens... Voilà, il neige. Où est le sens ?

Un temps.

MACHA – Il me semble que l'homme doit avoir une foi, du moins en chercher une, sinon sa vie est complètement vide... Vivre et ignorer pourquoi les cigognes volent, pourquoi les enfants naissent, pourquoi il y a des étoiles au ciel... Il faut savoir pourquoi l'on vit, ou alors tout n'est que balivernes et foutaises.

Un temps.

VERCHININE – Dommage tout de même que la jeunesse soit passée.

MACHA – Comme dit Gogol : « Il est ennuyeux de vivre en ce monde, messieurs. »

TOUZENBACH – Et moi je dirai : « Il est difficile de discuter avec vous, messieurs. » Ça suffit, assez...

TCHÉBOUTYKINE, *lisant le journal.* – Balzac s'est marié à Berditchev. *(Irina chantonne doucement.)* Ça, il faut le noter. *(Il note dans son carnet.)* Balzac s'est marié à Berditchev.

Il reprend sa lecture.

IRINA, *faisant une réussite, rêveuse.* – Balzac s'est marié à Berditchev.

TOUZENBACH – Le sort en est jeté. Vous savez, Maria Serguéevna, j'ai donné ma démission.

MACHA – On me l'a dit. Je ne m'en réjouis nullement. Je n'aime pas les civils.

TOUZENBACH – Tant pis... *(Il se lève.)* Je ne suis pas beau, ai-je l'air d'un militaire ? Aucune importance, d'ailleurs. Je travaillerai. Je voudrais travailler, ne serait-ce qu'un jour dans ma vie, au point de m'écrouler de fatigue en rentrent le soir, et de m'endormir aussitôt. *(Il se dirige vers la salle.)* Les ouvriers doivent dormir profondément.

FEDOTIK, *à Irina*. – Tout à l'heure, dans la rue Moskovskaïa, chez Pyjikov, je vous ai acheté des crayons de couleur. Et puis ce petit canif.

IRINA – Vous avez pris l'habitude de me traiter comme une enfant, mais je suis grande maintenant... *(Elle prend les crayons et le canif. Joyeusement :)* Que c'est joli !

FEDOTIK – Je me suis payé ce canif... Regardez... une lame, une autre, une troisième...Ça c'est pour se gratter dans les oreilles...Des petits ciseaux, une lime à ongles...

RODÉ, d'une voix forte. – Docteur, quel âge avez-vous ?

TCHÉBOUTYKINE – Moi ? Trente-deux ans.

Rires.

FEDOTIK – Je vais vous apprendre une autre réussite.

Il étale les cartes.

On apporte le samovar. Anfissa s'installe à côté ; puis arrive Natacha, qui s'affaire autour de la table ; entre Soliony ; après avoir salué tout le monde, il s'assied à la table.

VERCHININE – Quel vent, aujourd'hui, tout de même !

MACHA – Oui, je suis fatiguée de l'hiver. L'été, j'ai oublié ce que c'est.

IRINA – Cette patience va réussir, je le vois. Nous partirons pour Moscou.

FEDOTIK – Non, elle ne réussira pas. Vous voyez, le huit recouvre le deux de pique. *(Il rit.)* Donc, vous n'irez pas à Moscou.

TCHÉBOUTYKINE, *lisant*. – Tsitsicar. Nombreux cas de petite vérole.

ANFISSA, *s'approchant de Macha*. – Viens prendre le thé, Macha, ma petite. *(À Verchinine :)* Vous aussi, venez, Votre Noblesse. Excusez, j'ai oublié votre nom…

MACHA – Apporte le thé ici, nounou. Je n'irai pas là-bas.

IRINA – Nounou !

ANFISSA – Voilà !

NATACHA, *à Soliony*. – Les nourrissons comprennent tout parfaitement. « Bonjour, je lui dis, Bobik. Bonjour, mon chou. » Et il m'a jeté un de ces regards ! Vous croyez que ce sont des idées de mère ? Mais non, je vous assure ! C'est un enfant exceptionnel.

SOLIONY – Si cet enfant était à moi, je le ferais rôtir, et je le mangerais.

> *Il se dirige vers le salon, son verre de thé à la main, et s'assied dans un coin.*

NATACHA, *se couvrant le visage de ses mains*. – Quel grossier personnage !

MACHA – Heureux celui qui ne remarque pas si c'est l'été ou l'hiver. Si j'habitais Moscou, je crois que je me moquerais du temps qu'il fait.

VERCHININE – L'autre jour, j'ai lu le journal d'un ministre français : il l'a écrit en prison. Ce ministre avait été condamné dans l'affaire de Panama. Avec quelle ivresse, quel enthousiasme il parle des oiseaux qu'il voit par la fenêtre de sa prison, et auxquels il ne faisait pas attention auparavant. Maintenant qu'il est de nouveau libre, il a sans doute repris ses habitudes, et au diable les oiseaux... Vous ferez comme lui, vous ne verrez plus Moscou quand vous y vivrez. Il n'y a pas de bonheur pour nous, le bonheur n'existe pas, nous ne pouvons que le désirer.

TOUZENBACH, *il prend une boîte sur la table.* – Où sont les bonbons ?

IRINA – Soliony les a mangés.

TOUZENBACH – Tous ?

ANFISSA, *apportant le thé.* – Une lettre pour vous, mon petit père.

VERCHININE – Pour moi ? *(Il prend la lettre.)* De ma fille... *(Il lit.)* Oui, naturellement... Excusez-moi, Maria Serguéevna, je vais partir discrètement. Je ne prendrai pas de thé... *(Il se lève, ému.)* Ces éternelles histoires...

MACHA – Qu'y a-t-il ? Si ce n'est pas trop...

VERCHININE, *baissant la voix.* – Ma femme s'est encore empoisonnée. Il faut y aller. Je partirai à l'anglaise. Que tout cela est pénible...*(Il lui baise la main.)* Ma chère, ma douce, ma bonne...Je file sans me faire remarquer.

Il sort.

ANFISSA – Où va-t-il ? Et moi qui lui apporte du thé... Quel homme !...

MACHA, *avec colère.* – La paix ! Tu es collante, ne peux-tu pas me laisser tranquille ? *(Elle va avec sa tasse de thé vers la grande table.)* Tu m'embêtes, la vieille !

ANFISSA – Mais pourquoi te fâches-tu ? Ma chérie !

LA VOIX D'ANDRÉ – Anfissa !

ANFISSA, *l'imitant*. – « Anfissa ! » Il ne bougerait pas, ce-lui-là.

Elle sort.

MACHA, *dans la salle, avec colère*. – Un peu de place, si ça ne vous dérange pas. (Elle brouille les cartes sur la table.) Ah ! ceux-là, avec leurs cartes ! Buvez donc votre thé.

IRINA – Tu es méchante, Machka.

MACHA – Eh bien, ne me parlez pas. Laissez-moi tran-quille.

TCHÉBOUTYKINE, *riant*. – Laissez-la, laissez-la…

MACHA – Et vous, à soixante ans, un vrai gamin, vous ne dites que des bêtises, le diable sait quoi !

NATACHA, *en soupirant*. – Ma petite Macha, pourquoi ces expressions ? Avec ta beauté, je te le dis franchement, tu serais charmante en bonne société, sans cette façon de parler… « Je vous en prie, pardonnez-moi, Marie, mais vous avez des ma-nières un peu grossières. [1] »

TOUZENBACH, *s'empêchant de rire*.

Je voudrais…je voudrais…c'est du cognac, je crois ?

NATACHA – « Il paraît que mon Bobik ne dort pas. [2] » Il est réveillé. Il n'est pas très bien aujourd'hui. Je vais aller le voir, excusez-moi…

Elle sort.

---

[1] En français dans le texte. (N. d. t.)

[2] En français dans le texte. (N. d. t.)

IRINA – Et Alexandre Ignatievitch, où est-il parti ?

MACHA – Chez lui. Il se passe encore des choses extraordinaires avec sa femme.

TOUZENBACH, *il va rejoindre Soliony, un carafon de cognac à la main.* – Vous restez toujours seul dans votre coin, vous réfléchissez, on ne sait à quoi. Voulez-vous faire la paix ? Buvons du cognac. *(Ils boivent.)* Je vais sans doute devoir jouer du piano toute la nuit, Dieu sait quelles bêtises…Tant pis.

SOLIONY – Mais pourquoi faire la paix ? Nous ne sommes pas fâchés.

TOUZENBACH – Il me semble qu'il y a eu quelque chose entre nous. Vous avez un drôle de caractère, il faut l'avouer.

SOLIONY, *il récite.* – « Je suis étrange, qui ne l'est pas ? Ne te fâche pas, Aleco. »

TOUZENBACH – Aleco n'a rien à voir là-dedans.

Un temps.

SOLIONY – Quand je suis seul avec quelqu'un, ça va, je suis comme tout le monde, mais en société je deviens morne, timide…et je dis n'importe quoi. Pourtant, je suis plus honnête, plus noble que beaucoup d'autres. Et je peux le prouver.

TOUZENBACH – Je vous en veux, en société, vous m'agacez continuellement, mais j'ai de la sympathie pour vous. Dieu sait pourquoi. Aujourd'hui, j'ai envie de me soûler. Tant pis. Buvons !

SOLIONY – Buvons ! *(Ils boivent.)* Je n'ai jamais rien eu contre vous, baron, mais j'ai le caractère de Lermontov. *(Baissant la voix :)* On dit que je lui ressemble même un peu, physiquement…

*Il sort de sa poche un flacon de parfum et s'en
asperge les mains.*

TOUZENBACH – J'ai donné ma démission. Baste ! J'ai hésité pendant cinq ans, maintenant, c'est fait. Je travaillerai.

SOLIONY, *il récite.* – « Ne te fâche pas, Aleco... Oublie, oublie tes rêveries »...

*Pendant la conversation, André entre sans bruit,
portant un livre ; il s'assied près d'une bougie.*

TOUZENBACH – Je travaillerai...

TCHÉBOUTYKINE, *venant au salon avec Irina.* – Et puis, ils nous ont régalés d'un vrai menu caucasien : potage à l'oignon et, comme rôti, du tchekhartma.

SOLIONY – Le tcheremcha n'est pas de la viande, c'est une plante, dans le genre de notre oignon.

TCHÉBOUTYKINE – Mais non, mon ange. Le tchekhartma n'est pas de l'oignon, mais de la viande de mouton rôtie.

SOLIONY – Et moi je vous dis que le tcheremcha, c'est de l'oignon.

TCHÉBOUTYKINE – Et moi je vous dis que le tchekhartma, c'est du mouton rôti.

SOLIONY – Et moi je vous dis que le tcheremcha, c'est de l'oignon.

TCHÉBOUTYKINE – Pourquoi discuterais-je avec vous ? Vous n'avez jamais été au Caucase, ni mangé du tchekhartma.

SOLIONY – Non, parce que j'en ai horreur. Le tcheremcha a la même odeur que l'ail.

ANDRÉ, *suppliant.* – Assez, mes amis. Je vous en supplie.

TOUZENBACH – Quand viendront les masques ?

IRINA – Ils ont dit à neuf heures ; il serait temps.

TOUZENBACH, *enlaçant André ; il chante :*

    —Ma chambrette, ma chambrette

    Ma chambrette à moi.

ANDRÉ, *danse et chante :*

    Ma chambrette qui est faite

TCHÉBOUTYKINE, *dansant.*

    En rondins de bois[3].

                                    Rires.

TOUZENBACH, *il embrasse André.* – Que diable, buvons. André, buvons à tu et à toi. Je te suivrai à Moscou, André, à l'université.

SOLIONY – Laquelle ? Il y a deux universités à Moscou.

ANDRÉ – Mais non, seulement une.

SOLIONY – Je vous dis qu'il y en a deux.

ANDRÉ – Trois, si vous voulez. Tant mieux.

SOLIONY – Il y a deux universités à Moscou. *(Des murmures et des « chut ».)* Il y a deux universités à Moscou. L'ancienne et la nouvelle. Mais si vous ne voulez pas m'écouter, si ce que je dis vous irrite, je peux me taire. Je peux même me retirer.

---

[3] Chanson populaire. (N. d. T.)

Il s'en va par l'une des portes.

TOUZENBACH – Bravo, bravo ! *(Il rit.)* Commencez, mes amis, je me mets au piano. Drôle de corps, ce Soliony.

Il joue une valse.

MACHA *valse toute seule*. – Le baron est saoul, le baron est saoul, le baron est saoul !

Entre Natacha.

NATACHA, *à Tchéboutykine*. – Ivan Romanytch !

Elle lui parle à l'oreille, puis sort sans bruit.
Tchéboutykine effleure l'épaule de Touzenbach et lui
parle bas.

IRINA – Qu'est-ce qu'il y a ?

TCHÉBOUTYKINE – Il est temps de nous en aller. Portez-vous bien.

TOUZENBACH – Bonne nuit. Il est temps de partir.

IRINA – Mais comment…et les masques ?

ANDRÉ, *confus*. – Il n'y aura pas de masques. Vois-tu, ma chère, Natacha dit que Bobik n'est pas très bien, alors… D'ailleurs, moi, je n'en sais rien, et tout cela m'est parfaitement égal.

IRINA, *haussant les épaules*. – Bobik n'est pas bien !

MACHA – Tant pis pour nous ! On nous chasse, nous partons. *(À Irina :)* Ce n'est pas Bobik qui est malade, c'est elle. Tiens ! *(Elle se frappe le front avec le doigt.)* Espèce de petite bourgeoise !

André va dans sa chambre par la porte de droite.
Tchéboutykine le suit. Les autres prennent congé
dans la salle.

FEDOTIK – Quel dommage ! Je comptais passer la soirée ici, mais, bien entendu, si l'enfant est malade... Demain, je lui apporterai des jouets.

RODÉ, *d'une voix forte.* – J'ai fait exprès de dormir après le dîner, je croyais qu'on allait danser toute la nuit. Avec tout ça, il n'est que neuf heures !

MACHA – Allons dans la rue, on discutera, on prendra une décision.

En coulisse, on entend : « Adieu », « Portez-vous
bien », et le rire gai de Touzenbach. Tous sont partis.
Anfissa et la femme de chambre desservent la table et
éteignent les lumières. On entend chanter la nourrice.
Entrent sans bruit André, en tenue de sortie, et
Tchéboutykine.

TCHÉBOUTYKINE – Je n'ai pas eu le temps de me marier : la vie a passé comme un éclair, et puis j'aimais follement ta mère, qui était mariée.

ANDRÉ – Il ne faut pas se marier. Il ne faut pas parce que c'est ennuyeux.

TCHÉBOUTYKINE – C'est peut-être vrai, mais la solitude ! on a beau raisonner, la solitude est une chose atroce, mon petit. Bien qu'au fond...tout soit égal, naturellement.

ANDRÉ – Partons vite.

TCHÉBOUTYKINE – Pourquoi nous presser ? Nous avons le temps.

ANDRÉ – J'ai peur que ma femme m'empêche de sortir.

TCHÉBOUTYKINE – Ah ! bon.

ANDRÉ – Aujourd'hui, je ne jouerai pas, je vais simplement regarder. Je ne me sens pas bien…Que faut-il faire contre l'essoufflement, Ivan Romanytch ?

TCHÉBOUTYKINE – En voilà une question ! Est-ce que je me rappelle ? Non, mon petit, je ne sais pas.

ANDRÉ – Passons par la cuisine.

> *Ils sortent. Un coup de sonnette, un autre, des voix, des rires.*

IRINA, *entre.* – Qu'est-ce que c'est ?

ANFISSA, *à voix basse.* – Les masques.

> *On sonne encore.*

IRINA – Nounou, dis-leur que tout le monde est sorti. Qu'ils veuillent bien nous excuser.

Anfissa sort. Irina arpente la pièce en réfléchissant. Elle est agitée. Entre Soliony.

SOLIONY, *interdit.* – Personne ?…Où sont-ils partis ?

IRINA – Ils sont rentrés chez eux.

SOLIONY – Étrange. Vous êtes seule ici ?

IRINA – Oui. *(Un temps.)* Adieu.

SOLIONY – Tout à l'heure, je me suis très mal conduit, j'ai manqué de tact. Mais vous n'êtes pas comme les autres, vous avez le cœur élevé, pur, vous voyez la vérité. Vous seule pouvez me comprendre. Je vous aime, profondément, infiniment…

IRINA – Adieu ! Partez.

SOLIONY – Je ne peux pas vivre sans vous. *(Il la suit.)* Oh ! ma félicité ! *(Avec des larmes dans la voix :)* Oh ! mon bonheur ! Ces yeux superbes, merveilleux, étonnants, je n'en ai jamais vu de pareils...

IRINA, *froidement.* – C'est assez, Vassili Vassilievitch.

SOLIONY – C'est la première fois que je vous parle de mon amour, et il me semble que je ne suis plus sur la terre, mais sur une autre planète. *(Il se frotte le front.)* Enfin, tant pis. Bien sûr, on ne peut pas se faire aimer de force. Mais je ne supporterai pas d'avoir un rival heureux...Jamais ! Je le jure par tout ce qui est sacré : je tuerai mon rival...Oh ! merveilleuse !

Natacha traverse la scène, une bougie à la main.

NATACHA, *elle entrouvre une porte, puis une autre, et passe devant la chambre de son mari.* – André est là. Laissons-le lire. Excusez-moi, Vassili Vassilievitch, je ne savais pas que vous étiez là, je suis en négligé...

SOLIONY – Quelle importance ? Adieu.

Il sort.

NATACHA – Tu es fatiguée, ma mignonne, ma pauvre petite fille ! *(Elle embrasse Irina.)* Tu devrais te coucher de bonne heure.

IRINA – Bobik dort ?

NATACHA – Oui, il dort, mais d'un sommeil agité. À propos, chérie, il y a longtemps que je voulais t'en parler, mais ou bien tu n'es pas là, ou je suis occupée... Il me semble que la chambre de Bobik est froide et humide, la tienne lui conviendrait mieux. Ma chérie, ma mignonne, installe-toi chez Olia, en attendant !

IRINA, *qui ne comprend pas.* – Où ?

*On entend les clochettes d'une troïka qui s'arrête
devant la maison.*

NATACHA – En attendant, tu partagerais la chambre
d'Olia, et Bobik serait dans la tienne. Il est si adorable ! Aujourd'hui, je lui dis : « Tu es à moi, Bobik ! Tu es à moi ! » Et il
m'a regardée avec ses jolis petits yeux. *(On sonne.)* C'est sans
doute Olga. Comme elle rentre tard ! *(La femme de chambre
s'approche de Natacha et lui parle à l'oreille.)* Protopopov ?
Quel original ! C'est Protopopov qui est là. Il vient m'inviter à
faire un tour en troïka avec lui. *(Elle rit.)* Ils sont drôles, ces
hommes… *(On sonne.)* Quelqu'un est venu ? Si j'allais faire un
tour d'un quart d'heure ? *(À la femme de chambre :)* Dis-lui que
j'arrive. *(On sonne.)* On a sonné…ce doit être Olga.

*Elle sort. La femme de chambre sort elle aussi, en
courant. Irina, assise dans un fauteuil, réfléchit ;
entrent Olga, Koulyguine, puis Verchinine.*

KOULYGUINE – Qu'est-ce qui se passe ? On m'a dit qu'il y
aurait une soirée ici.

VERCHININE – C'est étrange, je suis parti il y a à peine
une demi-heure, on attendait des masques…

IRINA – Ils sont tous partis.

KOULYGUINE – Macha aussi ? Où est-elle allée ? Et Protopopov, pourquoi attend-il en bas, avec une troïka ? Qui attend-il ?

IRINA – Ne me posez pas de questions. Je suis fatiguée.

KOULYGUINE – Voyons, petite capricieuse…

OLGA – Le conseil pédagogique vient juste de se terminer.
Je suis morte de fatigue. Notre directrice est malade, c'est moi
qui la remplace. Ma tête, ma tête me fait mal, ma tête… *(Elle
s'assoit.)* Hier, au jeu, André a perdu deux cents roubles. Toute
la ville en parle.

KOULYGUINE – Moi aussi, le conseil m'a fatigué.

VERCHININE – Ma femme a voulu me faire peur, elle a failli s'empoisonner. Tout s'est arrangé, je suis heureux, je me repose maintenant. Alors, il faut partir ? Tant pis ; je vous souhaite mille bonnes choses. Dites, Fedor Iliitch, allons quelque part tous les deux. Je ne peux pas rester à la maison, c'est impossible ! Venez !

KOULYGUINE – Je suis fatigué, je n'irai nulle part. *(Il se lève.)* Fatigué ! Ma femme est rentrée à la maison ?

IRINA – Probablement.

KOULYGUINE, *baisant la main d'Irina.* – Adieu. Demain et après-demain, je pourrai me reposer toute la journée. Bonne nuit. *(Il s'apprête à partir.)* J'ai une telle envie de thé ! Je comptais passer la soirée en bonne société et – *o, fallacem hominum spem*. L'accusatif pour l'exclamation.

VERCHININE – J'irai donc seul.

Il sort avec Koulyguine en sifflotant.

OLGA – La tête me fait mal, mal, mal... André a perdu... toute la ville en parle. Je vais aller me coucher. *(Elle se lève.)* Demain, je suis libre. Oh ! mon Dieu, quel bonheur. Libre demain, libre après-demain...Ma tête, ma tête...

Elle sort.

IRINA, *seule.* – Ils sont tous partis. Plus personne.

L'accordéon joue dans la rue. La nourrice chante.

NATACHA, *en pelisse et bonnet de fourrure, traverse la salle, suivie de la femme de chambre.* – Je reviens dans une demi-heure. Je ne ferai qu'un petit tour.

Elle sort.

IRINA, *seule ; accès de tristesse.* – À Moscou ! À Moscou !
À Moscou !

ACTE III

La chambre d'Olga et d'Irina. À gauche et à droite, des lits, derrière des paravents. Il est entre deux heures et rois heures du matin. On entend sonner le tocsin : il y a un incendie en ville, qui dure depuis un certain temps. On voit que dans la maison personne ne s'est encore couché. Macha, en noir comme d'habitude, est étendue sur un divan. Entrent Olga et Anfissa.

ANFISSA – Maintenant, elles sont assises en bas, sous l'escalier. Moi, je leur dis : « Donnez-vous donc la peine de monter, est-ce qu'on peut rester ici ? » Et les voilà qui pleurent. « Nous ne savons pas où est notre papa, qu'elles disent, peut-être qu'il a brûlé, Dieu l'en préserve. » Qu'est-ce qu'elles vont chercher là ! Et dans la cour, il y a aussi du monde...tous à moitié nus.

OLGA, *sortant des robes de l'armoire.* – Prends cette petite robe grise... Et ça aussi... Cette blouse... Et cette jupe, ma petite nounou. Quel malheur, mon Dieu ! La ruelle de Kirsanov a entièrement brûlé, paraît-il... Et ça aussi... (Elle lui jette une robe sur les bras.) Ces pauvres Verchinine ont eu tellement peur... Leur maison a failli brûler. Elles n'ont qu'à rester coucher ici...il ne faut pas les laisser partir. Pauvre Fedotik, il a tout perdu, il ne lui reste rien.

ANFISSA – Tu devrais appeler Feraponte, Oliouchka. Je ne pourrai jamais porter tout ça.

OLGA, *sonnant.* – On a beau sonner...(Elle appelle par la porte :) Venez ici, n'importe qui, venez. (Par la porte ouverte, on voit la lueur rouge de l'incendie ; on entend la voiture des *pompiers qui passe devant la maison.)* Quelle horreur ! Comme j'en ai assez ! *(Entre Feraponte.)* Tiens, porte tout ça en bas. Là, sous l'escalier, tu verras les demoiselles Kolotiline…donne-leur ça…Et ça aussi.

FERAPONTE – À vos ordres. En l'an douze, Moscou aussi a brûlé. Seigneur mon Dieu ! Les Français n'en revenaient pas.

OLGA – Va donc, va.

FERAPONTE – À vos ordres.

Il sort.

OLGA – Nounou chérie, donne-leur tout. Nous n'avons besoin de rien, donne-leur tout, ma nounou. Je suis fatiguée, je tiens à peine debout. Il ne faut pas laisser partir les Verchinine… Les petites pourront coucher au salon, Alexandre Ignatievitch en bas, chez le baron…Fedotik aussi, ou bien il couchera chez nous, dans la salle…Comme par un fait exprès, le docteur est ivre, affreusement ivre, on ne peut mettre personne chez lui. Et la femme de Verchinine ? Elle aussi peut coucher au salon.

ANFISSA, *d'un air las.* – Oliouchka chérie, ne me chasse pas ! Ne me chasse pas !

OLGA – Tu dis des bêtises, nounou. Personne ne te chasse.

ANFISSA, *appuyant sa tête contre la poitrine d'Olga.* – Ma gentille, mon trésor, je peine, moi, je travaille… Quand je serai faible, tout le monde me dira : « Va t'en. » Et où veux-tu que j'aille ? Où ? J'ai quatre-vingts ans. Bientôt quatre-vingt-deux…

OLGA – Assieds-toi, ma petite nounou…Tu es fatiguée, ma pauvre. *(Elle la fait asseoir.)* Repose-toi, ma bonne. Comme tu es pâle !

Entre Natacha.

NATACHA – On dit qu'il faut immédiatement fonder une société de secours aux sinistrés. Eh bien, c'est une excellente idée ! Aider les pauvres, c'est bien le devoir des riches, non ? Bobik et Sophie dorment comme des bienheureux, comme si de rien n'était. Chez nous, il y a du monde dans tous les coins, la maison est archi pleine. Mais il y a la grippe en ville, j'ai peur pour les enfants.

OLGA, *qui ne l'écoute pas.* – Ici, dans cette chambre, on est tranquille, on ne voit pas l'incendie...

NATACHA – Oui... Je dois être drôlement coiffée... *(Devant la glace.)* On dit que j'ai grossi...Ce n'est pas vrai du tout ! Pas le moins du monde ! Macha dort, elle est fatiguée, la pauvre ! *(À Anfissa, froidement :)* Je te défends de rester assise en ma présence. Debout ! Sors d'ici ! *(Anfissa sort. Un temps.)* Pourquoi gardes-tu cette vieille ? Je ne te comprends pas.

OLGA, *interdite.* – Excuse-moi, mais moi non plus, je ne te comprends pas.

NATACHA – Elle est de trop ici. C'est une paysanne, elle n'a qu'à vivre à la campagne. C'est du luxe, tout ça ! Moi, j'aime l'ordre : pas de gens inutiles dans ma maison. *(Elle caresse la joue d'Olga.)* Tu es fatiguée, ma pauvrette ! Notre directrice est fatiguée. Quand ma Sophie sera grande et ira au lycée, j'aurai peur de toi.

OLGA – Je ne serai pas directrice.

NATACHA – Tu seras élue, Oletchka. La chose est décidée.

OLGA – Je refuserai...C'est impossible. Au-dessus de mes forces. *(Elle boit de l'eau.)* Tu viens de traiter nounou avec tant de grossièreté...Excuse-moi, je ne peux pas le supporter...je n'y vois plus clair...

NATACHA, *émue.* – Pardonne-moi, Olia, pardonne-moi. Je ne voulais pas te faire de peine.

Macha se lève, prend son oreiller, et sort, l'air fâché.

OLGA – Comprends-moi, ma chère, nous avons peut-être reçu une éducation bizarre, mais ce sont des choses que je ne peux pas supporter. Cette manière de traiter les gens me tue, j'en suis malade…je perds tout courage.

NATACHA – Pardonne-moi, pardonne…

Elle l'embrasse.

OLGA – Toute grossièreté, si légère soit-elle, toute parole rude me blesse…

NATACHA – C'est vrai, je parle souvent sans réfléchir, mais conviens-en, ma chère, elle pourrait très bien vivre à la campagne.

OLGA – Elle est depuis trente ans chez nous.

NATACHA – Mais puisqu'elle ne peut plus travailler ? Ou je ne comprends pas, ou c'est toi qui ne veux pas me comprendre. Elle est incapable de travailler, elle ne fait que dormir, se reposer.

OLGA – Eh bien, qu'elle se repose !

NATACHA, *étonnée.* – Comment, qu'elle se repose ? Mais c'est une domestique ! *(Avec des larmes.)* Je ne te comprends pas, Olia ; j'ai une bonne d'enfants, une nourrice, nous avons une femme de chambre, une cuisinière…À quoi nous sert cette vieille. À quoi ?

On entend le tocsin.

OLGA – Cette nuit, j'ai vieilli de dix ans.

NATACHA – Il faut nous entendre, Olia. Toi, tu es au lycée, moi, à la maison ; tu t'occupes de l'enseignement, et moi du ménage. Quand je parle des domestiques, je sais ce que je dis, je-sais-ce-que-je-dis ! Qu'elle s'en aille dès demain, cette vieille voleuse, cette vieille garce *(elle trépigne),* cette sorcière ! Je vous défends de m'irriter ! Je vous le défends ! *(Se ressaisissant :)* Écoute, si tu ne t'installes pas en bas, nous n'arrêterons pas de nous quereller. C'est affreux.

Entre Koulyguine.

KOULYGUINE – Où est Macha ? Il serait temps de rentrer. On dit que l'incendie se calme. *(Il s'étire.)* Un seul quartier a brûlé ; mais avec ce vent, on a d'abord cru que toute la ville était en flammes. *(Il s'assied.)* Je suis éreinté. Oletchka, ma chérie... Je me le dis souvent : s'il n'y avait pas eu Macha, c'est toi que j'aurais épousée, Oletchka. Tu es très bonne. Je n'en peux plus...

Il tend l'oreille.

OLGA – Qu'est-ce qu'il y a ?

KOULYGUINE – Comme par un fait exprès, le docteur a sa crise d'alcoolisme, il est ivre mort. *(Il se lève.)* Je crois qu'il vient ici. Vous l'entendez ? Oui, c'est bien lui... *(Il rit.)* Quel phénomène ! Je vais me cacher. *(Il se dirige vers l'armoire et se cache dans un coin.)* Un vrai brigand !

OLGA – Il ne buvait plus depuis deux ans, ça l'a repris brusquement.

Elle va avec Natacha vers le fond de la pièce. Entre Tchéboutykine. Il marche droit, comme s'il n'était pas ivre ; traverse la pièce, s'arrête, regarde devant lui, puis va vers le lavabo et se lave les mains.

TCHÉBOUTYKINE, *morne.* – Que le diable les emporte tous... tous... Ils s'imaginent que je suis médecin, que je sais guérir n'importe quelle maladie, mais je ne sais absolument rien, j'ai tout oublié, je ne me souviens de rien, absolument de rien... *(Olga et Natacha sortent sans qu'il s'en aperçoive.)* Que le diable... Mercredi dernier, j'ai soigné une femme, dans le quartier de Zasypi, et elle est morte, morte par ma faute. Oui...

Il y a vingt-cinq ans, j'avais encore quelques vagues connaissances, mais maintenant, plus rien. Rien du tout. Après tout, je ne suis peut-être pas un homme, je fais simplement semblant d'avoir des bras et des jambes, une tête ; possible que je n'existe pas du tout, je crois seulement que je marche, mange, dors...*(Il pleure.)* Oh ! si l'on pouvait ne pas exister ! *(Il cesse de pleurer ; morne :)* Que le diable... Au club, avant-hier, on bavardait ; quelqu'un a nommé Shakespeare, Voltaire. Je n'ai rien lu d'eux, rien du tout, mais j'ai fait semblant de les connaître ; et les autres en ont fait autant. Oh misère ! Bassesse ! Alors, j'ai pensé à la femme qui est morte par ma faute, mercredi dernier, puis à d'autres choses, mon cœur s'est rempli de dégoût...et je me suis mis à boire.

Entrent Irina, Verchinine et Touzenbach. Touzenbach porte un vêtement civil, tout neuf, d'une coupe élégante.

IRINA – Restons ici. Personne ne viendra nous déranger.

VERCHININE – Sans les soldats, la ville brûlait tout entière. Quels braves gars ! *(Il se frotte les mains de plaisir.)* Un peuple magnifique ! Quels braves gars !

KOULYGUINE, *s'approchant.* – Bientôt quatre heures. Le jour se lève.

IRINA – Tout le monde reste dans la salle, personne ne songe à partir. Et votre Soliony est là, lui aussi. *(À Tchéboutykine :)* Vous devriez vous coucher, docteur.

TCHÉBOUTYKINE – Ça n'a pas d'importance... Je vous remercie.

Il peigne sa barbe.

KOULYGUINE, *riant.* – Il est plein comme une outre notre Ivan Romanytch. *(Il lui tape sur l'épaule.)* Bravo ! *In vino veritas,* comme disaient les Anciens.

TOUZENBACH – On me demande d'organiser un concert au profit des sinistrés.

IRINA – Mais avec qui ?

TOUZENBACH – Ce serait possible, si l'on voulait…À mon avis, Maria Serguéevna joue merveilleusement du piano.

KOULYGUINE – Merveilleusement !

IRINA – Elle a tout oublié. Voilà trois ou quatre ans qu'elle ne joue plus.

TOUZENBACH – Ici, dans cette ville, personne ne comprend la musique, pas une âme, mais moi, je le comprends, et je vous jure sur mon honneur que Maria Serguéevna joue parfaitement bien, bref, qu'elle a du talent.

KOULYGUINE – Vous avez raison, baron. Je l'aime beaucoup, Macha. Elle est gentille.

TOUZENBACH – Savoir jouer comme un ange, et sentir que personne, personne ne vous comprend !

KOULYGUINE, *avec un soupir.* – Oui… Mais serait-ce convenable pour elle de prendre part à un concert ? *(Un temps.)* Moi, mes amis, je n'en sais rien. Après tout, ce serait peut-être très bien. Enfin, pour tout avouer : notre directeur est quelqu'un de bien, de très bien même, c'est un homme extrêmement intelligent, mais il a des idées un peu…Naturellement, ça ne le regarde pas, mais si vous voulez, je peux lui en toucher un mot.

> *Tchéboutykine prend une petite pendule de porcelaine et l'examine.*

VERCHININE – Je me suis terriblement sali pendant l'incendie, je n'ai plus figure humaine. *(Un temps.)* Hier, en passant, j'ai entendu dire qu'il est question de transférer notre brigade ; les uns disent en Pologne, d'autres, à Tchita.

TOUZENBACH – Moi aussi, je l'ai entendu dire. Eh bien, alors, la ville sera déserte.

IRINA – Nous partirons, nous aussi !

TCHÉBOUTYKINE, *laissant tomber la pendule, qui se casse.* – En miettes !

Un temps. Tous paraissent chagrinés en confus.

KOULYGUINE, *ramassant les débris.* – Casser un objet de cette valeur ! Ah ! Ivan Romanytch ! Vous méritez un zéro de conduite.

IRINA – C'est la pendule de notre pauvre maman.

TCHÉBOUTYKINE – Peut-être bien... Peut-être qu'elle était à maman... Peut-être que je ne l'ai pas cassée, ce n'est qu'une apparence. Peut-être croyons-nous seulement exister, mais en réalité nous n'existons pas. Je ne sais rien, et personne ne sait rien. *(Il se dirige vers la porte.)* Qu'avez-vous à me regarder ? Natacha a une petite liaison avec Protopopov, et vous, vous ne voyez rien. Vous êtes tous assis là, et vous ne voyez rien... et Natacha, elle a une petite liaison ave Protopopov... *(Il chante :)* « Permettez-moi de vous offrir cette figue »...

Il sort.

VERCHININE – Oui... *(Il rit.)* Comme tout cela est étrange, au fond ! *(Un temps.)* Dès que l'incendie a commencé, j'ai vite couru chez moi. J'arrive, je vois que la maison est intacte, hors de danger, mais mes deux fillettes sont là, sur le seuil, à peine habillées ; leur mère n'est pas là ; autour d'elles des gens s'affairent, des chevaux, des chiens s'agitent, et sur le visage de mes petites, c'est l'angoisse, la terreur, la supplication, je ne sais quoi. Mon cœur s'est serré en les voyant. Mon Dieu, me suis-je dit, qu'auront-elles encore à supporter, ces petites, au cours d'une longue vie ?...Je les emmène, je cours, et ne pense qu'à cela : qu'auront-elles à supporter en ce monde ? *(On en-*

tend le tocsin. Un temps.) J'arrive : leur mère est ici, qui crie, qui se fâche. *(Macha entre, portant son oreiller ; elle s'assoit sur le divan.)* Mes petites filles sur le seuil, en chemise, la rue toute rouge dans la lueur de l'incendie, et ce bruit terrible, alors j'ai pensé que des choses semblables avaient dû se produire, i l y a bien des années ; l'ennemi faisait brusquement irruption, pillait, incendiait... Pourtant, au fond, quelle différence entre le présent et le passé ! Un peu de temps encore, disons deux ou trois cents ans, et l'on considérera notre vie actuelle de la même façon : avec crainte et ironie ; tout ce qui existe aujourd'hui paraîtra maladroit, lourd, très inconfortable, et bizarre. Oh ! quelle vie ce sera, quelle vie ! *(Il rit.)* Excusez-moi, je me lance encore dans la philosophie. Mais laissez-moi continuer, mes amis. J'ai terriblement envie de philosopher, aujourd'hui. *(Un temps.)* On croirait que tout le monde dort ! Je disais donc : quelle vie ce sera ! Essayez de vous en faire une idée. Pour le moment, vous n'êtes que trois dans cette ville, mais dans les générations futures, d'autres viendront, qui vous ressembleront, toujours plus nombreuses ; et un temps viendra où tout sera changé selon vos vœux, où chacun vivra selon votre exemple, et puis vous-mêmes serez dépassées, d'autres surgiront qui seront meilleurs que vous...*(Il rit.)* Je suis d'une humeur extraordinaire aujourd'hui. J'ai diablement envie de vivre ! *(Il chante :)* « L'amour règne sur tous les âges et ses élans sont bienfaisants »...

Il rit.

MACHA – Tam-tam-tam...

VERCHININE – Tam-tam...

MACHA – Ta-ra-ra ?

VERCHININE – Tra-ta-ta.

Il rit. Entre Fedotik.

FEDOTIK, *dansant.* – J'ai brûlé, j'ai brûlé, complètement vidé !

Rires.

IRINA – Qu'est-ce qu'il y a de drôle ? Tout a brûlé ?

FEDOTIK, *en riant.* – Tout, absolument tout. Il ne me reste rien. Ma guitare a brûlé, et les photos, et toutes mes lettres…Et le carnet que je voulais vous offrir, brûlé aussi !

Entre Soliony.

IRINA – Non, Vassili Vassilievitch, je vous en prie, allez-vous-en. On n'entre pas ici.

SOLIONY – Mais pourquoi est-ce permis au baron, et pas à moi ?

VERCHININE – En effet, il est temps de partir. Et l'incendie ?

SOLIONY – Il paraît que ça se calme. Non, mais c'est positivement étrange. Pourquoi le baron, et pas moi ?

Il sort de sa poche un flacon de parfum et s'en asperge.

VERCHININE – Tam-tam-tam ?

MACHA – Tam-tam.

VERCHININE, *riant, à Soliony.* – Allons dans la salle.

SOLIONY – Bon. Nous allons noter ça. On pourrait approfondir cette pensée, mais à quoi bon irriter certaines personnes…*(Il regarde Touzenbach.)* Petits, petits, petits…

Soliony, Verchinine et Fedotik sortent.

IRINA – Comme il empeste avec sa fumée de tabac, ce Soliony…*(Elle regarde Touzenbach, avec étonnement.)* Le baron dort ! Baron ! Baron !

TOUZENBACH, *se réveillant.* – Je suis fatigué, ma parole...La briqueterie...Non, je ne délire pas ; il s'agit bien d'une briqueterie, j'irai bientôt là-bas, je commencerai à travailler. Il y a déjà eu de pourparlers...*(À Irina, avec tendresse :)* Vous êtes si pâle, si belle, si charmante...Il me semble que votre pâleur illumine les ténèbres, comme la lumière...Vous êtes triste, mécontente de la vie...Oh ! venez avec moi, venez, nous travaillerons ensemble !

MACHA – Nicolas Lvovitch, allez-vous-en !

TOUZENBACH, en riant. – Vous êtes là ? Je ne vous voyais pas. *(Il baise la main d'Irina.)* Adieu, je m'en vais. Je vous regarde, là, et je vous revois telle que vous étiez le jour de votre fête, il y a longtemps déjà : courageuse, gaie, parlant des joies du travail...Et je rêvais d'une vie tellement heureuse, alors ! Où est-elle ? *(Il lui baise la main.)* Vous avez des larmes aux yeux. Il faut vous coucher, voici l'aube, le jour se lève... Ah ! S'il m'était permis de donner ma vie pour vous !

MACHA – Nicolas Lvovitch, allez-vous-en ! Voyons ! À quoi ça rime ?...

TOUZENBACH – Je m'en vais.

Il sort.

MACHA, *se couchant.* – Tu t'es endormi, Fedor ?

KOULYGUINE – Hein ?

MACHA – Tu ferais mieux de rentrer.

KOULYGUINE – Ma douce Macha, ma gentille Macha...

IRINA – Elle est fatiguée. Laisse-la se reposer, Fedor.

KOULYGUINE – Je m'en vais tout de suite. Ma bonne femme, ma gentille...Mon unique, je t'aime.

MACHA, *avec humeur.* – Amo, amas, amat, amamus, amatis, amant.

KOULYGUINE, *riant.* – Non, vrai, elle est étonnante. Déjà sept ans que je suis ton mari, et il me semble qu'on s'est marié hier. Vrai, tu es une femme étonnante. Je suis content, je suis content, je suis content !

MACHA – J'en ai assez, j'en ai assez, j'en ai assez ! *(Elle se soulève et parle assise.)* Ça ne veut pas me sortir de la tête… C'est tout simplement révoltant. Oui, il s'agit d'André. Il a hypothéqué cette maison, et sa femme a empoché tout l'argent. Pourtant la maison nous appartient, à tous les quatre, pas à lui seul. Il doit le savoir, s'il est honnête.

KOULYGUINE – Pourquoi parler de cela, Macha ? Qu'est-ce que ça peut te faire ? André est criblé de dettes, laissons-le tranquille.

MACHA – De toute façon, c'est révoltant.

KOULYGUINE – Nous ne sommes pas pauvres, toi et moi. Je travaille, je vais au lycée, je donne des leçons… Je suis un homme honnête… Un homme simple. *Omnia mea mecum porto*, comme on dit.

MACHA – Moi, je n'ai besoin de rien, mais c'est l'injustice qui me révolte. *(Un temps.)* Va, Fedor.

KOULYGUINE, *l'embrassant.* – Tu es fatiguée, repose-toi une petite demi-heure, je resterai en bas, je t'attendrai. Dors… *(Il se dirige vers la porte.)* Je suis content, je suis content, je suis content.

Il sort.

IRINA – C'est vrai… comme notre André est devenu mesquin, insignifiant… comme il a vieilli à côté de cette femme ! Dire qu'il voulait devenir professeur de faculté, et le voilà fier d'être enfin nommé membre du Conseil du Zemstvo ! Membre du conseil dont Protopopov est président ! Toute le ville en parler, en rit, lui seul ne sait rien, ne voit rien…Et pendant que tout le monde court voir l'incendie, il reste dans sa chambre, indifférent à tout…Il se contente de jouer du violon. *(Nerveuse :)* Oh ! c'est affreux, c'est affreux ! *(Elle pleure.)* Je ne peux pas le supporter ! Je ne peux plus, je ne peux plus ! *(Olga entre et commence à ranger sa petite table. Irina sanglote bruyamment.)* Jetez-moi dehors, je n'en peux plus !

OLGA, *effrayée.* – Qu'est-ce que tu as ? ma chérie !

IRINA, *sanglotant.* – Où ? Où s'est en allé tout cela ? Où ? Oh, mon Dieu, mon Dieu ! J'ai tout oublié, tout ! Tout s'embrouille dans ma tête. Je ne sais même plus comment on dit « fenêtre », ou « plafond » en italien. J'oublie, j'oublie chaque jour davantage, et la vie passe, elle ne reviendra jamais, et jamais, jamais nous n'irons à Moscou ! Je vois bien que nous ne partirons pas.

OLGA – Ma chérie, ma chérie…

IRINA, *se maîtrisant.* – Oh ! que je suis malheureuse ! Je ne peux plus travailler, je ne veux plus travailler…Assez, assez ! Après le télégraphe c'est le conseil municipal, et je déteste, je méprise tout ce qu'on me fait faire. J'aurai bientôt vingt-quatre ans, il y a longtemps que je travaille, mon cerveau s'est desséché, j'ai maigri, enlaidi, vieilli, et rien, rien, aucune satisfaction, et le temps passe, et il me semble que je m'éloigne de plus en plus de la vie véritable et belle, que je m'approche d'un abîme. Je suis désespérée ; pourquoi je vis encore, pourquoi je ne me suis pas tuée, je ne le comprends pas…

OLGA – Ne pleure pas, ma petite fille, ne pleure pas…Je souffre.

IRINA – Je ne pleure pas… Assez. Tu vois, je ne pleure plus. Ça suffit !

OLGA – Ma chérie, je te le dis comme une sœur, comme une amie : si tu veux m'écouter, épouse le baron. *(Irina pleure doucement.)* Je sais que tu l'estimes, que tu l'apprécies infiniment...Il n'est pas beau, c'est vrai, mais c'est un homme si honnête, si pur...Ce n'est pas par amour qu'on se marie, mais par devoir, c'est du moins mon avis. Moi, je me serais bien mariée sans amour. J'aurais épousé celui qui se serait présenté, n'importe qui, pourvu qu'il soit un honnête homme. Même un vieillard...

IRINA – J'attendais, je pensais que nous irions à Moscou, que j'y rencontrerais celui qui m'était destiné, je rêvais de lui, je l'aimais...Mais ce ne sont que des bêtises, bêtises...

OLGA, *étreignant sa sœur.* – Ma chérie, ma merveilleuse petite sœur, je comprends tout. Quand le baron Nicolas Lvovitch, ayant quitté l'armée, est venu chez nous en civil, il m'a paru si laid que je me suis mise à pleurer. Il m'a demandé : « Pourquoi pleurez-vous ? » Comment le lui dire ? Mais si Dieu voulait que tu l'épouses, je serais heureuse. Là, c'est autre chose, tout autre chose !

> *Natacha, une bougie à la main, traverse la scène en silence, de droite à gauche.*

MACHA, *s'asseyant.* – À la voir marcher, on dirait que c'est elle qui a mis le feu.

OLGA – Tu es bête, Macha. La plus bête de la famille, c'est toi. Tu voudras bien m'excuser.

> *Un temps.*

MACHA – Je veux me confesser à vous, mes sœurs chéries. C'est trop lourd. Je me confesserai, et puis, plus un mot, jamais, à personne... Je vais tout de suite vous dire... *(Baissant la voix :)* C'est mon secret, mais vous devez tout savoir... Je ne peux plus me taire... *(Un temps.)* J'aime, j'aime... J'aime cet homme... Celui que vous venez de voir... Pourquoi le cacher ? Oui, j'aime Verchinine.

OLGA, *derrière le paravent.* – Laisse ça. De toute façon, je n'entends pas.

MACHA – Qu'y faire ? *(Elle se prend la tête dans les mains.)* Il m'a d'abord paru étrange, puis je l'ai plaint... puis je me suis mise à l'aimer, à l'aimer, pour sa voix, ses paroles, ses malheurs, ses deux petites filles.

OLGA, *derrière le paravent.* – De toute façon, je n'entends pas. Quelles que soient les bêtises que tu dis, je n'entends rien.

MACHA – Ah ! c'est toi qui es bête, Olia. Je l'aime, tel est donc mon destin... Tel est mon sort... Et lui, il m'aime aussi. Ça fait peur, oui ? Ce n'est pas bien ? *(Elle prend la main d'Irina et l'attire vers elle.)* Oh ! ma chérie... Comment allons-nous vivre, que va-t-on devenir ? Quand on lit un roman, tout paraît si simple, connu d'avance, mais lorsqu'on aime soi-même, on s'aperçoit que personne ne sait rien, que chacun doit décider pour soi... Mes chéries, mes petites sœurs... Je me suis confessée, et maintenant je ne dirai plus rien. Je serai comme le fou de Gogol... Silence... Silence...

Entre André, suivi de Feraponte.

ANDRÉ, *irrité.* Que me veux-tu ? Je ne comprends pas.

FERAPONTE, *s'arrêtant à la porte, avec impatience.* – Je vous l'ai bien dit vingt fois, André Serguéevitch.

ANDRÉ – D'abord, pour toi, je ne suis pas André Serguéevitch, mais Votre Honneur !

FERAPONTE – C'est les pompiers, Votre Honneur, qui demandent la permission de passer par votre jardin pour aller à la rivière... Ils n'en finissent pas de faire des détours, autrement.

ANDRÉ – C'est bon. Dis-leur : c'est bon. *(Feraponte sort.)* J'en ai assez, d'eux tous. Où est Olga ? *(Olga sort de derrière le paravent.)* C'est toi que je cherche : donne-moi la clé de l'armoire, j'ai égaré la mienne. Tu as une toute petite clé. *(Olga lui tend la clé en silence. Irina va derrière son paravent. Un temps.)* Quel incendie terrible ! Mais le feu diminue maintenant. Que diable, Feraponte m'a irrité, je lui ai dit une bêtise… Votre Honneur !… *(Un temps.)* Pourquoi ne dis-tu rien, Olia ? *(Un temps.)* Il serait temps de laisser tomber toutes ces bêtises, et de ne plus bouder ainsi, sans rime ni raison. Tu es là, Macha et Irina sont là, c'est parfait, expliquons-nous à fond, une fois pour toutes. Qu'avez-vous contre moi ? Quoi ?

OLGA – Laisse ça, Andrioucha. On verra demain. *(Nerveuse :)* Quelle nuit affreuse !

ANDRÉ, *très gêné.* – Ne t'énerve pas. Je vous demande, très calmement : qu'avez-vous contre moi ? Répondez franchement.

LA VOIX DE VERCHININE, *en coulisse.* – Tam-tam-tam !

MACHA, *debout, élevant la voix.* – Tra-ta-ta ! *(À Olga :)* Adieu, Olia, que Dieu te garde. *(Elle va derrière le paravent, embrasse Irina.)* Dors bien. Adieu, André. Va-t-en, elles sont fatiguées…tu t'expliqueras demain.

Elle sort.

OLGA – Oui, Andrioucha, remettons ça à demain. *(Elle va derrière le paravent.)* Il est temps de dormir.

ANDRÉ – Je vais tout vous dire, et puis je m'en irai. Tout de suite…Premièrement, vous avez quelque chose contre Natacha, ma femme, je l'ai remarqué dès le jour de notre mariage. Natacha est un être bon et honnête, franc et noble, c'est mon opinion. J'aime ma femme, je l'estime, vous comprenez, je l'estime, et je veux que les autres l'estiment aussi. Je vous le répète, c'est une femme honnête et noble, et tous vos désagréments, excusez-moi, ne sont que de simples caprices *(Un temps.)* Deuxièmement, on dirait que vous êtes fâchées parce que je ne suis pas devenu professeur, que je ne me consacre pas à la science. Mais je travaille au Zemstvo, je suis membre du Conseil de Zemstvo, et je trouve que ce service est aussi sacré, aussi élevé que celui de la science. Je suis membre du conseil, et j'en suis fier, si vous voulez le savoir... *(Un temps.)* Troisièmement... J'ai encore autre chose à vous dire... J'ai hypothéqué la maison sans vous en demander l'autorisation, je me reconnais coupable... je vous prie de me pardonner. Ce sont mes dettes... trente-cinq mille... Je ne joue plus aux cartes, il y a longtemps que j'ai renoncé au jeu... mais ma grande excuse, c'est que vous autres, les filles, vous touchez une pension, tandis que moi... aucun revenu... pour ainsi dire...

Un temps.

KOULYGUINE, *sur le seuil.* – Macha n'est pas ici ? *(Inquiet :)* Mais où est-elle ? C'est étrange.

Il sort.

ANDRÉ – Elles ne m'écoutent pas. Natacha est une femme excellente, très honnête. *(Il arpente la scène, puis s'arrête.)* Quand je me suis marié, j'ai cru que nous serions tous heureux... tous... Mais, mon Dieu... *(Il pleure.)* Mes chéries, mes sœurs, ne me croyez pas, non, ne me croyez pas...

Il sort.

KOULYGUINE, *à la porte, inquiet.* – Où est Macha ? Macha n'est pas ici ? Comme c'est étrange !

Il sort. On entend le tocsin. La scène est vide.

IRINA, *derrière le paravent.* – Olia ! Qui est-ce qui frappe au plancher ?

OLGA – C'est le docteur Ivan Romanytch. Il est ivre.

IRINA – Quelle nuit angoissante ! *(Un temps.)* Olia ! *(Elle sort la tête de derrière le paravent.)* Tu l'as entendu dire ? On nous retire la brigade, on va l'envoyer très loin d'ici.

OLGA – Ce ne sont que des bruits.

IRINA – Alors nous resterons toutes seules…Olia !

OLGA – Eh bien ?

IRINA – Ma chérie, ma gentille, j'estime, j'apprécie le baron, c'est un homme excellent, je veux bien l'épouser, j'y consens, seulement, allons à Moscou ! Je t'en supplie, allons-y ! Moscou, c'est ce qu'il y a de mieux au monde ! Partons, Olia ! Partons !

ACTE IV

Un vieux jardin dépendant de la maison des Prozorov. Une longue allée de sapins qui mène à une rivière. Sur l'autre berge, une forêt. À droite, la terrasse de la maison ; sur la table, une bouteille et des verres ; on vient de boire du champagne. Il est midi. Des passants traversent parfois le jardin, pour aller de la rue à la rivière ; cinq soldats passent rapidement.

Tchéboutykine, d'une humeur placide qu'il gardera pendant tout l'acte, est assis dans un fauteuil, dans le jardin, où il attend qu'on l'appelle. Il porte une casquette ; il a une canne à la main. Sur la terrasse, Irina, Koulyguine (une décoration au cou, la moustache rasée), et Touzenbach font leurs adieux à Fedotik et à Rodé, qui descendent les marches. Les deux officiers sont en tenue de campagne.

TOUZENBACH, *embrassant Fedotik.* – Vous êtes un chic type, on était de bons copains. *(Il embrasse Rodé.)* Encore une fois...Adieu, mon cher !

IRINA – Au revoir !

FEDOTIK – Pas au revoir : adieu. Nous ne nous reverrons plus !

KOULYGUINE – Qui sait ! *(Il s'essuie les yeux en souriant.)* Voilà que je pleure, moi aussi !

IRINA – Nous nous rencontrerons peut-être un jour.

FEDOTIK – Dans dix ou quinze ans ? Nous aurons de la peine à nous reconnaître, nous nous saluerons froidement...*(Il prend une photo.)* Ne bougez pas. C'est la dernière.

RODÉ *étreint Touzenbach.* – Nous ne nous reverrons plus...*(Il baise la main d'Irina.)* Merci pour tout, pour tout.

FEDOTIK, *avec dépit.* – Mais attends donc un peu !

TOUZENBACH – Si Dieu le veut, oui, nous nous reverrons. Écrivez-nous. Sans faute !

RODÉ, *embrassant le jardin du regard.* – Adieu, les arbres ! *(Il crie :)* Hop-hop ! *(Un temps.)* Adieu, écho !

KOULYGUINE – Qui sait, vous allez peut-être vous marier, là-bas, en Pologne. Votre Polonaise vous embrassera et vous appellera : « Kochane[4] ».

Il rit.

FEDOTIK, *consultant sa montre.* – Il nous reste à peine une heure. De notre batterie, Soliony seul s'en ira en barque, nous autres, nos partirons avec les troupes. Aujourd'hui, trois batteries s'en vont en formation divisionnaire, trois autres demain, et à nouveau le calme et le silence dans la ville.

TOUZENBACH – Et un ennui mortel.

RODÉ – Mais où est Maria Serguéevna ?

KOULYGUINE – Macha est dans le jardin.

FEDOTIK – Nous voudrions lui dire adieu.

---

[4] « Chéri » en polonais. (N. d. T.)

RODÉ – Adieu, il faut partir, sinon je vais pleurer... *(Il étreint rapidement Touzenbach et Koulyguine, baise la main d'Irina.)* Nous avons passé ici des jours heureux...

FEDOTIK *à Koulyguine.* – Un petit souvenir pour vous... un carnet avec un crayon...Nous descendrons vers la rivière par là...

> *Ils s'éloignent en se retournant.*

RODÉ, *criant.* – Hop-hop !

KOULYGUINE, *criant.* – Adieu !

> *Au fond de la scène, Fedotik et Rodé rencontrent Macha et prennent congé d'elle ; elle sort avec eux.*

IRINA – Partis...

> *Elle s'assoit sur la première marche de la terrasse.*

TCHÉBOUTYKINE – Ils ont oublié de me dire adieu.

IRINA – Et vous, à quoi avez-vous donc pensé ?

TCHÉBOUTYKINE – Oui, je l'ai oublié moi-même, je ne sais comment. D'ailleurs, je les reverrai bientôt : je pars demain. Oui...Un jour encore...Dans un an, j'aurai ma retraite, alors je reviendrai ici, et je finirai mes jours auprès de vous. Il ne me reste qu'un an à tirer pour avoir ma pension. *(Il fourre un journal dans sa poche, en tire un autre.)* Quand je reviendrai, je changerai ma manière de vivre, de fond en comble...Je serai bien sage, bien pla...placide, tout à fait convenable...

IRINA – Oui, il faudrait bien que vous changiez votre manière de vivre, mon cher ami...Vraiment, oui !

TCHÉBOUTYKINE – Oh ! je le sens bien moi-même. *(Il chantonne :)* Tarara-boum-bié !

KOULYGUINE – Il est incorrigible, notre Ivan Romanytch ! Incorrigible !

TCHÉBOUTYKINE – Vous devriez me prendre comme élève, vous me corrigeriez !

IRINA – Fedor s'est rasé la moustache. Je ne peux pas le voir comme ça !

KOULYGUINE – Et pourquoi ?

TCHÉBOUTYKINE – Je dirais bien à quoi vous ressemblez, mais je n'ose pas.

KOULYGUINE – Tans pis ! C'est l'usage, le modus vivendi. Notre directeur s'est fait raser la moustache, et moi aussi, depuis qu'on m'a nommé inspecteur. Cela ne plaît à personne, mais je ne m'en fais pas. Je suis content. Avec ou sans moustache, je suis content.

> *Il s'assoit. Au fond du jardin, André promène son enfant dans une petite voiture.*

IRINA – Cher Ivan Romanytch, mon bon ami, je suis terriblement inquiète. Dites-moi, vous étiez sur le boulevard hier soir, qu'est-ce qui s'est passé là-bas ?

TCHÉBOUTYKINE – Ce qui s'est passé ? Rien du tout. Des bêtises. *(Il lit son journal.)* C'est égal !

KOULYGUINE – On raconte que Soliony et le baron se sont rencontrés hier, sur le boulevard, près du théâtre...

TOUZENBACH – À quoi bon parler de cela ? Pourquoi, voyons...

> *Il fait un geste de la main et rentre dans la maison.*

KOULYGUINE – Près du théâtre... Soliony a cherché chicane au baron, qui n'a pu le supporter et l'a insulté...

TCHÉBOUTYKINE – Je n'en sais rien. Des bêtises.

KOULYGUINE – On raconte que Soliony est amoureux d'Irina et que c'est pour ça qu'il déteste le baron…C'est naturel, Irina est une bien charmante jeune fille. Elle ressemble même un peu à Macha, aussi pensive qu'elle. Seulement toi, Irina, tu as un caractère plus doux. Quoique Macha, elle aussi, ait très bon caractère. Je l'aime, Macha.

> On entend, au fond du jardin, des « Hou-hou ! Hop-hop ! »

IRINA *tressaille*. – Tout m'effraie aujourd'hui ! (*Un temps.*) J'ai tout emballé, et après le dîner j'expédierai mes affaires. Nous nous marions demain, le baron et moi, et nous partons aussitôt pour la briqueterie. Après-demain, je serai déjà à l'école, une vie nouvelle commencera pour moi. Que Dieu veuille me venir en aide ! Quand j'ai passé mon examen d'institutrice, j'ai pleuré de joie, de béatitude…(*Un temps.*) Une charrette viendra tout à l'heure chercher mes affaires.

KOULYGUINE – Tout cela est bel et bon, mais pas très sérieux. Des idées, oui, mais aucun sérieux. Cela ne m'empêche pas de te souhaiter de tout cœur…

TCHÉBOUTYKINE, *attendri*. – Ma gentille, ma douce ! Ma petite fille toute en or ! Vous êtes allés loin, vous autres, pas moyen de vous rattraper. Je suis resté en arrière, comme un oiseau migrateur, qui a vieilli et ne peut plus voler. Envolez-vous, mes chers, envolez-vous et que Dieu vous garde ! (*Un temps.*) Vous avez eu tort, Fédor Iliitch, de vous raser la moustache.

KOULYGUINE – Laissez-moi donc ! (*Il soupire.*) Les militaires partiront aujourd'hui, et tout reprendra comme par le passé. Quoi qu'on dise, Macha est une femme honnête et très bonne, je l'aime beaucoup, je remercie mon sort…Nous n'avons pas tous le même !…Il y a ici un nommé Kozyrev, qui travaille aux contributions indirectes. Il était au lycée avec moi, mais on l'a renvoyé de cinquième parce qu'il était incapable de comprendre le *ut consecutivum*. Maintenant, il est dans la misère noire, malade, et quand je le rencontre, je lui dis : « Bonjour, *ut consecutivum !* » Il répond : « Oui, *consecutivum*, c'est bien ça », et il se met à tousser. Tandis que moi j'ai toujours eu de la chance, on m'a même décoré du Stanislas, deuxième degré, et c'est moi qui enseigne aux autres ce fameux *ut consecutivum*. Bien sûr, je suis intelligent, plus intelligent que beaucoup d'autres, mais le bonheur n'est pas là...

> *Dans la maison, on joue au piano « La prière d'une vierge ».*

IRINA – Demain soir, je n'entendrai plus cette « Prière d'une vierge », je ne rencontrerai plus Protopopov... (*Un temps.*) Protopopov est là, au salon ; il est encore venu aujourd'hui...

KOULYGUINE – La directrice n'est pas encore rentrée ?

IRINA – Non. On l'a envoyé chercher. Si vous saviez combien il m'est pénible de vivre ici, seule, sans Olia ! Elle habite au lycée ; elle est directrice, elle est occupée toute la journée, et moi je suis seule, je m'ennuie, je n'ai rien à faire, j'ai ma chambre en horreur... Alors j'ai pris une décision : s'il est dit que je ne dois pas aller à Moscou, soit, je m'incline. Tel est mon destin. Il n'y a rien à faire... Tout dépend de la volonté de Dieu, c'est vrai. Nicolas Lvovitch m'a demandée en mariage. Eh bien, j'ai réfléchi, et j'ai dit oui. C'est un homme excellent, c'est même étonnant comme il est bon. Et soudain c'est comme si j'avais eu des ailes, je suis devenue plus gaie, je me suis sentie légère, et de nouveau je ressens le désir de travailler, travailler... Seulement, hier, il s'est passé quelque chose de mystérieux, qui me menace...

TCHÉBOUTYKINE – Des bêtises.

NATACHA, *à la fenêtre*. – Voilà la directrice !

KOULYGUINE – La directrice est arrivée. Allons-y !

Il entre avec Irina dans la maison.

TCHÉBOUTYKINE, *lisant son journal, en fredonnant.* –
Tarara-boum-bié...

*Macha s'approche ; dans le fond, André pousse la
voiture d'enfant.*

MACHA – Le voici, assis bien tranquillement...

TCHÉBOUTYKINE – Et après ?

MACHA, *s'assoit.* – Rien... Vous avez aimé ma mère ?

TCHÉBOUTYKINE – Oui. Beaucoup.

MACHA – Et elle ? Vous a-t-elle aimé ?

TCHÉBOUTYKINE, *après un silence.* – Ça, je ne m'en souviens plus.

MACHA – Il est ici, le mien ? Marfa, notre cuisinière, appelait comme ça son agent de police, dans le temps : le mien... Il
est ici ?

TCHÉBOUTYKINE – Pas encore.

MACHA – Lorsqu'on prend son bonheur par petits bouts,
par bribes, et qu'on le perd, comme moi, on devient grossier,
peu à peu, on devient méchant. *(Elle montre sa poitrine.)* Ça
bout, là-dedans. *(Regardant son frère André, qui pousse la voiture :)* Voilà notre André, notre frère... Toutes ses espérances
évanouies. Des milliers d'hommes hissaient une cloche, cela
avait coûté beaucoup d'efforts et d'argents, et brusquement, elle
est tombée, en miettes. Comme ça, sans aucune raison. André
de même...

ANDRÉ – Quand vont-ils enfin se calmer, dans la maison ?
Il y a un de ces bruits !...

TCHÉBOUTYKINE – Bientôt. *(Il regarde sa montre.)* J'ai une montre ancienne, à répétition. *(Il la remonte ; elle sonne.)* La première, la deuxième et la cinquième batterie partiront à une heure juste. *(Un temps.)* Et moi, demain.

ANDRÉ – Pour toujours ?

TCHÉBOUTYKINE – Je ne sais pas. Je reviendrai peut-être dans un an. Bien que...le diable seul...Quelle importance ?

> *On entend, de très loin, les sons d'un violon et d'une harpe.*

ANDRÉ – Notre ville sera déserte. Comme si l'on mettait une cloche dessus. *(Un temps.)* Il s'est passé quelque chose, hier, près du théâtre. Tout le monde en parle, et moi, je ne suis pas au courant...

TCHÉBOUTYKINE – Ce n'est rien. Des bêtises. Soliony a cherché querelle au baron, celui-ci s'est emporté et l'a insulté, finalement les choses ont mal tourné, Soliony a été obligé de le provoquer en duel. *(Il regarde sa montre.)* Je crois qu'il est temps...À midi et demi, dans le bosquet de la Couronne, celui qu'on voit d'ici, derrière la rivière. Pif-paf ! *(Il rit.)* Soliony se prend pour Lermontov ; c'est ce qu'il écrit des vers ! Mais, plaisanterie à part, c'est tout de même son troisième duel.

MACHA – À qui ?

TCHÉBOUTYKINE – À Soliony.

MACHA – Et au baron ?

TCHÉBOUTYKINE – Quoi, au baron ?

> *Un silence.*

MACHA – Tout s'embrouille dans ma tête...il ne faut pas les laisser faire. Il pourrait blesser le baron, et même le tuer.

TCHÉBOUTYKINE – Le baron est un brave homme, mais un baron de plus ou de moins, qu'est-ce que ça peut faire ? Tant pis ! Cela m'est égal. *(Derrière le jardin, on crie : Hou-hou ! Hop-hop !)* Tu attendras bien ! C'est Skvorzov, le témoin, qui crie. Il est dans une barque.

Un silence.

ANDRÉ – À mon avis, il est tout simplement immoral de prendre part à un duel, ou d'y assister, même en qualité de médecin.

TCHÉBOUTYKINE – Une idée que vous vous faites…Nous ne vivons pas, il n'y a rien en ce monde, nous n'existons pas, nous le croyons seulement…Et n'est-ce pas bien égal ?…

MACHA – Et je te parle, je te parle, toute la sainte journée… *(Elle fait quelques pas.)* Supporter ce climat, à chaque instant il peut tomber de la neige, et encore ces conversations par-dessus le marché. *(Elle s'arrête.)* Je n'irai pas dans cette maison, je ne peux pas. Dès que Verchinine viendra, prévenez-moi. *(Elle marche dan l'allée.)* Des oiseaux migrateurs, déjà… *(Elle lève la tête.)* Des cygnes ou des canards…Mes chers, mes bienheureux…

Elle sort.

ANDRÉ – Quel vide dans la maison ! Les officiers s'en vont, vous aussi, ma sœur va se marier, je resterai tout seul.

TCHÉBOUTYKINE – Et ta femme ?

Entre Feraponte, qui apporte des papiers.

ANDRÉ – Ma femme, c'est ma femme. Elle est honnête, correcte, peut-être bonne, mais il y a quelque chose en elle de mesquin, d'aveugle, de rugueux au toucher, au niveau de l'animal…Elle n'est pas tout à fait un être humain. Je vous le dis comme à un ami, le seul à qui je puisse ouvrir mon cœur. J'aime Natacha, c'est vrai, mais elle me paraît parfois extrêmement vulgaire, et alors je m'y perds, je ne comprends plus pourquoi je l'aime à ce point, ou pourquoi je l'ai aimée…

TCHÉBOUTYKINE, *se levant*. – Je partirai demain, mon vieux, nous ne nous reverrons peut-être plus jamais, alors un conseil : prends ton bonnet, un bâton, et pars…pars, et marche sans regarder en arrière. Et plus tu iras loin, mieux ça vaudra.

> *Au fond de la scène passent Soliony et deux officiers. Soliony s'approche de Tchéboutykine, les officiers sortent.*

SOLIONY – Docteur ! Il est temps, bientôt midi et demi.

> *Il salue André.*

TCHÉBOUTYKINE – J'arrive. J'en ai marre de vous tous. *(À André :)* Si quelqu'un me demande, Andrioucha, tu diras que je reviens bientôt. *(Il laisse échapper un grand soupir.)* Oh-oh-oh !

SOLIONY – « Il n'eut pas le temps de dire oh, que l'ours lui sautait sur le dos. » Qu'avez-vous à geindre, mon vieux ?

TCHÉBOUTYKINE – La paix !

SOLIONY – Et cette santé ?

TCHÉBOUTYKINE, *avec colère*. – La vieille carne se porte bien.

SOLIONY – Le vieillard a tort de s'énerver. Je ne me permettrai rien de spécial, je me contenterai de tirer comme sur une bécasse. *(Il tire un flacon de parfum de sa poche et s'en asperge les mains.)* J'ai vidé aujourd'hui un flacon entier *(désignant ses mains)*, mais elles gardent la même odeur. Elles sentent le cadavre. *(Un temps.)* Et voilà ! Vous vous rappelez ces vers ? « Et lui, le révolté, il cherche la tempête, comme si dans la tempête, régnait la paix[5] »...

TCHÉBOUTYKINE – Oui. « Il n'eut pas le temps de dire oh ! que l'ours lui sautait sur le dos. »

> *Soliony et Tchéboutykine sortent. On entend crier : « hop-hop ! hou ! » Entrent André et Feraponte.*

FERAPONTE – C'est des papiers à signer...

ANDRÉ, *nerveux.* – Fiche-moi la paix ! Fiche-moi la paix ! Je t'en supplie !

> *Il s'en va en poussant la voiture d'enfant.*

FERAPONTE – Mais les papiers, c'est fait pour être signé...

> *Il va vers le fond de la scène. Entrent Irina et Touzenbach, qui est coiffé d'un canotier. Koulyguine traverse la scène en criant : « Hou-hou, Macha, hou-hou ! »*

TOUZENBACH – Voilà, je pense, le seul homme de la ville qui se réjouisse du départ des officiers.

IRINA – Ça se comprend. *(Un temps.)* Notre ville paraîtra déserte.

TOUZENBACH, *regardant sa montre.* – Ma chérie, je reviendrai tout à l'heure.

IRINA – Où vas-tu ?

---

[5] Vers de Lermontov. (N. d. T.)

TOUZENBACH – Je dois aller en ville, puis…accompagner des camarades.

IRINA – Ce n'est pas vrai…Nicolas, pourquoi es-tu si distrait aujourd'hui ? *(Un temps.)* Que s'est-il passé hier, près du théâtre ?

TOUZENBACH, *avec un geste d'impatience.* – Je serai de retour dans une heure, à nouveau avec toi. *(Il lui baise les mains.)* Oh ! ma joie… *(Il la regarde attentivement.)* Cinq ans déjà que je t'aime, oui, et je n'y suis pas encore habitué, et tu me sembles toujours plus belle. Ces cheveux superbes, merveilleux. Ces yeux ! Demain, je t'emmène, nous travaillerons, nous serons riches, mes rêves vont revivre. Tu seras heureuse. Il n'y a qu'une chose, une seule chose : tu ne m'aimes pas.

IRINA – Ce n'est pas en mon pouvoir. Je serai ta femme, ta femme fidèle et obéissante, mais je n'ai pas d'amour pour toi ! Que faire ! *(Elle pleure.)* Je n'ai jamais connu l'amour. Oh ! j'en ai tellement rêvé, depuis si longtemps ! Mais mon cœur est comme un piano précieux fermé à double tour, dont on aurait perdu la clé. *(Un temps.)* Tu as l'air inquiet.

TOUZENBACH – Je n'ai pas dormi de la nuit. Il n'y a rien d'effrayant dans ma vie, rien qui puisse me faire peur, seule cette clé perdue me torture, m'empêche de dormir… Dis-moi quelque chose. *(Un temps.)* Dis-moi quelque chose.

IRINA – Et quoi ? Quoi ?

TOUZENBACH – Quelque chose.

IRINA – Voyons, voyons !

Un temps.

TOUZENBACH – Quelles bêtises, quels détails stupides prennent soudain de l'importance dans la vie, sans rime ni raison ! On continue à s'en moquer, on ne les prend pas au sérieux, mais malgré cela on se met en branle, et rien à faire pour s'arrêter. Oh ! laissons cela. Je suis gai ! C'est comme si je voyais ces sapins, ces érables, ces bouleaux, pour la première fois de ma vie. Ils me regardent avec curiosité, ils attendent... Qu'ils sont beaux, ces arbres, et comme la vie devrait être belle auprès d'eux ! *(On entend des cris : « Hou-hou ! hop-hop ! »)* Il faut partir, il est temps... Vois cet arbre desséché, un coup de vent, et le voilà qui se balance vers les autres. Eh bien, si je devais mourir, il me semble que je participerais encore à la vie, d'une manière ou d'une autre. Adieu, ma chérie. *(Il lui baise les mains.)* Tes papiers, ceux que tu m'as donnés, sont sur ma table, sous le calendrier.

IRINA – Je vais avec toi.

TOUZENBACH, *inquiet.* – Non ! non ! *(Il part rapidement, mais s'arrête dans l'allée.)* Irina !

IRINA – Oui ?

TOUZENBACH, *ne sachant que dire.* – Je n'ai pas pris de café aujourd'hui. Tu demanderas qu'on m'en fasse.

> *Il sort rapidement. Irina reste debout, songeuse, puis va vers le fond de la scène, et s'assoit sur la balançoire. Entre André poussant la petite voiture. Feraponte le suit.*

FERAPONTE – André Serguéevitch, ces papiers, ils ne sont pas à moi, ils sont à l'administration. Ce n'est pas moi qui les ai inventés.

ANDRÉ – Où est-il, mon passé, où a-t-il disparu ? J'ai été jeune, gai, intelligent, j'avais de beaux rêves et de belles pensées, mon présent et mon avenir illuminés d'espoir... Pourquoi, à peine nous commençons à vivre, devenons-nous ennuyeux, ternes, insignifiants, paresseux, indifférents, inutiles, malheureux ?...Notre ville existe depuis deux cent ans, elle compte cent mille habitants, et pas un seul qui ne ressemble aux autres, pas un héros, ni dans le passé ni dans le présent, pas un savant, pas un artiste, pas un homme un peu remarquable, qui susciterait la jalousie, ou le désir passionné de marcher sur ses traces...Ils ne font que manger, boire, dormir, puis ils meurent... D'autres viennent au monde, et à leur tour mangent, boivent, dorment, ne trouvant à se divertir, pour ne pas sombrer dans l'ennui, que dans les ragots abjects, la vodka, les cartes, les chicanes ; et les femmes trompent leur mari, les maris mentent, font semblant de ne rien voir, de ne rien entendre, et l'irrésistible influence de la vulgarité pourrit les enfants, éteint l'étincelle divine qui vivait en eux, ils deviennent des cadavres vivants, aussi semblables les uns aux autres, aussi pitoyables que leurs parents... *(À Feraponte, avec humeur :)* Que me veux-tu ?

FERAPONTE – Ce que je veux, moi ? Des signatures.

ANDRÉ – Tu m'embêtes.

FERAPONTE – Tout à l'heure, le concierge de l'administration fiscale a raconté que l'hiver dernier, à Pétersbourg, il a fait moins de deux cent degrés.

ANDRÉ – Le présent est dégoûtant, mais quand je pense à l'avenir, il me paraît si beau ! On respire mieux, tout s'élargit, une lumière brille dans le lointain, je vois la liberté, et nous, mes enfants et moi-même, libérés de l'oisiveté, de la boisson, de l'oie aux choux, de la sieste après le dîner, de l'ignoble parasitisme...

FERAPONTE – Il paraît que deux mille personnes sont mortes de froid. On dit que le peuple est effrayé. C'est à Pétersbourg, ou peut-être bien à Moscou, je ne me rappelle pas.

ANDRÉ, *subitement attendri.* – Mes chères sœurs merveilleuses ! *(À travers les larmes ;)* Macha, ma sœur...

NATACHA, *par la fenêtre.* – Qui est-ce qui parle si fort ? C'est toi, André ? Tu vas réveiller Sophie. Il ne faut pas faire de bruit. Sophie dort déjà, vous êtes un ours. *(Se mettant en colère :)* Si tu as envie de parler, donne la voiture d'enfant à quelqu'un d'autre. Feraponte, prends la petite voiture à Monsieur !

FERAPONTE – À vos ordres :

Il pousse la voiture.

ANDRÉ, *confus.* – Je parle bas.

NATACHA, *derrière la fenêtre, caresse son enfant.* – Bobik ! Petit polisson ! Vilain petit Bobik !

ANDRÉ, *examinant les papiers.* – C'est bon, je vais revoir tout ça et signer ce qu'il faut, tu les rapporteras au conseil.

Il va vers la maison en lisant les papiers. Feraponte pousse la petite voiture vers le fond du jardin.

NATACHA, *à la fenêtre, caressant son enfant.* – Bobik, comment s'appelle ta maman ? Mon chéri ! Qui est là ? C'est tante Olia. Dis à ta tante : bonjour, Olia !

Des musiciens ambulants, un homme et une jeune fille, jouent du violon et de la harpe. Verchinine, Olga et Anfissa sortent de la maison et écoutent la musique en silence ; Irina les rejoint.

OLGA – Notre jardin est un vrai passage public, on le traverse à pied et à cheval. Donne-leur une pièce, nounou.

ANFISSA, *donnant une pièce aux musiciens.* – Allez, que Dieu vous garde, mes bons. *(Les musiciens saluent et sortent.)* Pauvres gens ! ventre plein ne fait pas de musique…*(À Irina :)* Bonjour, Aricha ! *(Elle l'embrasse.)* Eh bien, ma petite, j'en ai de la chance ! J'habite au lycée, je suis logée par l'administration, avec Oliouchka. Le bon Dieu m'a gâtée sur mes vieux jours. Pauvre pécheresse que je suis, je n'avais encore jamais vécu comme ça. L'appartement de l'administration est grand, il y a une chambre pour moi, avec un petit lit. Tout ça est donné par l'administration. Quand je me réveille la nuit, oh ! Seigneur,

Sainte Vierge, il n'y a personne au monde de plus heureux que moi.

VERCHININE, *regardant sa montre.* – Nous allons partir, Olga Serguéevna. Je n'ai plus le temps…*(Un silence.)* Je vous souhaite de tout cœur…Où est Maria Serguéevna ?

IRINA – Quelque part dans le jardin. Je vais la chercher.

VERCHININE – Vous serez bien aimable. Je suis pressé.

ANFISSA – Moi aussi, je vais la chercher. *(Elle crie :)* Machenka ! Hou-hou ! *(Elle se dirige avec Irina vers le fond du jardin.)* Hou-hou !

VERCHININE – Tout a une fin. Ainsi, nous allons nous séparer. *(Il regarde sa montre.)* La ville nous a offert un déjeuner, du champagne, le maire a fait un discours ; je mangeais, j'écoutais, mais mon cœur était ici, près de vous…*(Regardant le jardin :)* Je me suis tellement habitué à vous !

OLGA – Nous reverrons-nous un jour ?

VERCHININE – Je ne pense pas. *(Un temps.)* Ma femme et mes fillettes resteront encore ici, pendant deux mois environ ; si jamais il leur arrivait quelque chose, si elles avaient besoin… je vous en prie…

OLGA – Mais oui, bien sûr, soyez tranquille. *(Un temps.)* Demain il n'y aura plus un seul militaire dans notre ville, tout ne sera plus que souvenir, et sans doute une vie nouvelle commencera pour nous…*(Un temps.)* Rien ne se fait selon nos désirs. Je ne voulais pas être directrice, et je le suis devenue tout de même. Donc, nous ne devons pas aller à Moscou…

VERCHININE – Eh bien…Je vous remercie…Pardonnez-moi, s'il y a lieu…J'ai beaucoup parlé, beaucoup trop, de cela aussi, pardon. Ne me gardez pas mauvais souvenir.

OLGA, *s'essuyant les yeux.* – Et Macha, pourquoi ne vient-elle pas ?

VERCHININE – Que puis-je vous dire avant de vous quitter ? À propos de quoi philosopher une dernière fois ? *(Il rit.)* La vie est difficile. Pour beaucoup d'entre nous, elle est comme sourde, dénuée de tout espoir, et cependant, il faut l'avouer, elle se fait peu à peu plus facile, plus claire, et sans doute le temps n'est pas loin où elle deviendra véritablement lumineuse. *(Il regarde sa montre.)* Il faut que je parte. Jadis l'humanité était occupée par des guerres ; les campagnes, les invasions, les victoires remplissaient l'existence, mais aujourd'hui, tout cela est dépassé, il reste un immense vide qui demande à être comblé, mais comment ? L'humanité cherche passionnément une solution, elle finira bien par la trouver. Ah, si cela pouvait ne pas tarder ! *(Un temps.)* Voyez-vous, si l'on ajoutait l'amour du travail à l'instruction, et l'instruction à l'amour du travail... *(Il regarde sa montre.)* C'est l'heure...

OLGA – La voilà.

Entre Macha.

VERCHININE – Je suis venu vous faire mes adieux.

Olga s'écarte un peu pour ne pas les gêner.

MACHA *le regarde dans les yeux.* – Adieu...

Un long baiser.

OLGA – Assez, assez...

Macha éclate en sanglots.

VERCHININE – Écris-moi... Ne m'oublie pas ! Laisse-moi partir... il est temps... Olga Serguéevna, prenez-la, je dois... il est temps... Je suis en retard.

Très ému, il baise les mains d'Olga, étreint encore
Macha, et sort rapidement.

OLGA – Assez, Macha ! Assez, ma chérie.

Entre Koulyguine.

KOULYGUINE, *troublé.* – Ça ne fait rien, laisse-la pleurer, laisse. Ma bonne Macha, ma gentille Macha…Tu es ma femme, je suis heureux malgré tout…Je ne me plains pas, je ne te fais aucun reproche…Olia en est témoin. Nous vivrons comme par le passé, et jamais un seul mot, pas la moindre allusion…

MACHA, *tentant de retenir ses sanglots.* – « Auprès d'une anse, un chêne vert, autour du chêne, une chaîne d'or…Autour du chêne une chaîne d'or »…Je deviens folle…« Auprès d'une anse…un chêne vert. »

OLGA – Calme-toi, Macha, calme-toi. Donne-lui de l'eau.

MACHA – Je ne pleure plus.

KOULYGUINE – Elle ne pleure plus. Elle est bonne…

Au loin, un coup de feu retentit sourdement.

MACHA – « Auprès d'une anse, un chêne vert, une chaîne en or autour du chêne… Un chat vert ?… Un chêne vert…» J'embrouille tout. *(Elle boit de l'eau.)* Une vie ratée…Maintenant je n'ai plus besoin de rien. Je vais me calmer tout de suite… tout m'est égal. Qu'est-ce que ça veut dire : « Auprès d'une anse » ? Pourquoi ces mots me trottent-ils dans la tête ? Mes pensées s'embrouillent.

Entre Irina.

OLGA – Calme-toi, Macha. Voilà, tu es raisonnable. Rentrons.

MACHA, *avec colère.* – Je n'irai pas dans cette maison. *(Elle recommence à pleurer, mais se maîtrise.)* Je n'y allais déjà plus, je n'irai pas...

IRINA – Restons assises ici, toutes les trois, même sans parler. Vous savez que je pars demain...

Un silence.

KOULYGUINE – Hier, en cinquième, j'ai confisqué à un gosse cette barbe et cette moustache. *(Il met l'une et l'autre.)* Je ressemble au professeur d'allemand. *(Il rit.)* Pas vrai ? Ils sont drôles, ces gamins !

MACHA – Mais oui, tu ressembles à votre Allemand.

OLGA, *riant.* – C'est vrai.

Macha pleure.

IRINA – Assez, Macha !

KOULYGUINE – Il y a une grande ressemblance...

Entre Natacha.

NATACHA, *à la bonne.* – Quoi ? Monsieur Protopopov, Mikhaïl Ivanovitch, restera avec Sophie, et André Serguéevitch promènera Bobik. Quels soucis, ces enfants ! *(À Irina :)* Irina, tu pars demain ? Comme c'est dommage ! Reste donc encore un peu, au moins une semaine ! *(Elle pousse un cri en apercevant Koulyguine, qui enlève en riant sa fausse barbe et sa moustache.)* Mon Dieu, vous m'avez fait peur ! *(À Irina :)* Je me suis habituée à toi, si tu crois que ça me sera facile, cette séparation ! Dans ta chambre, je mettrai André avec son violon, qu'il le gratte tant qu'il veut, et sa chambre sera pour ma petite Sophie. Quelle enfant mignonne, adorable ! Aujourd'hui elle m'a regardée avec ses jolis yeux et puis : « Maman » !

KOULYGUINE – Une belle enfant, ça c'est vrai.

NATACHA – Alors, demain, je serai toute seule ici. *(Un soupir.)* Avant tout, je ferai abattre cette allée de sapins, et cet érable. Le soir, il est si laid…*(À Irina :)* Ma chère, cette ceinture ne te va pas du tout. Quel manque de goût !... Il faudrait quelque chose de clair. Et puis je ferai planter des petites fleurs partout, et il y aura ce parfum…*(Sévère :)* Pourquoi cette fourchette traîne-t-elle sur le banc ? *(Elle va dans la maison. À la bonne :)* Pourquoi cette fourchette sur le banc, je te le demande ? *(Elle crie :)* Silence !

KOULYGUINE – La voilà déchaînée.

> *Derrière la scène, la musique militaire joue une marche ; tous écoutent.*

OLGA – Ils partent.

> *Entre Tchéboutykine.*

MACHA – Les nôtres partent… Eh bien… Bonne route à tous ! *(À son mari :)* Il faut rentrer à la maison. Où est mon chapeau ? Et ma cape ?

KOULYGUINE – Je les ai portés à l'intérieur. Je vais les chercher.

> *Il entre dans la maison.*

OLGA – Oui, on peut rentrer maintenant. Il est temps.

TCHÉBOUTYKINE – Olga Serguéevna !

OLGA – Oui ? *(Un temps.)* Quoi ?

TCHÉBOUTYKINE – Rien… Je ne sais comment vous le dire.

> *Il lui parle à l'oreille.*

OLGA, *effrayée.* – Ce n'est pas possible !

TCHÉBOUTYKINE – Si... Quelle histoire !... Je suis fatigué, vanné, je ne veux pas en parler... *(Avec dépit :)* D'ailleurs, ça m'est égal.

MACHA – Qu'est-ce qu'il y a ?

OLGA, *étreignant Irina.* – Quelle affreuse journée... Ma chérie, je ne sais pas comment te le dire...

IRINA – Quoi ? Parlez vite : qu'est-ce qu'il y a ? Au nom du ciel...

> *Elle pleure.*

TCHÉBOUTYKINE – On vient de tuer le baron en duel...

IRINA, *elle pleure doucement.* – Je le savais, je le savais...

TCHÉBOUTYKINE *va au fond de la scène et s'assoit sur un banc.* – Je suis las... *(Il sort un journal de sa poche.)* Laissons-les pleurer... *(Il chantonne :)* Ta-ra-ra-boum-bié... ta-ra-ra-boum-dié... Au fond, n'est-ce pas égal ?

> *Les trois sœurs restent debout, serrées l'une contre l'autre.*

MACHA – Oh ! cette musique ! Ils nous quittent, l'un d'eux est parti pour toujours, pour toujours, nous restons seules pour recommencer notre vie. Il faut vivre... Il faut vivre !

IRINA, *appuyant sa tête contre la poitrine d'Olga.* – Un temps viendra où l'on comprendra tout cela, pourquoi ces souffrances, il n'y aura plus de mystère : mais en attendant, il faut vivre... il faut travailler, travailler... Demain, je partirai seule, j'enseignerai à l'école, je donnerai ma vie à ceux qui en ont peut-être besoin. C'est l'automne, bientôt l'hiver, la neige va tout ensevelir, mais moi, je travaillerai... je travaillerai...

OLGA, *enlaçant ses sœurs.* – La musique est si gaie, si encourageante, et on a envie de vivre ! Oh ! mon Dieu ! Le temps passera, et nous quitterons cette terre pour toujours, on nous oubliera, on oubliera nos visages, nos voix, on ne saura plus combien nous étions, mais nos souffrances se changeront en joie pour ceux qui viendront après nous ; le bonheur, la paix régneront sur la terre, et on dira du bien de ceux qui vivent maintenant, on les bénira. Oh, mes sœurs chéries, notre vie n'est pas encore terminée. Il faut vivre ! La musique est si gaie, si joyeuse ! Un peu de temps encore, et nous saurons pourquoi cette vie, pourquoi ces souffrances... Si l'on savait ! Si l'on savait !

> *Peu à peu, la musique s'éloigne ; Koulyguine, gai et souriant, apporte le chapeau et la cape. André pousse la voiture d'enfant dans laquelle est assis Bobik.*

TCHÉBOUTYKINE, *chantonnant doucement.* – Ta-ra-ra-boum-bié... Ta-ra-ra-boum-bié... *(Lisant son journal :)* Tout m'est égal ! Tout m'est égal !

OLGA – Si l'on savait ! Si l'on savait !

FIN